Aphorisms Of Panini

Taranatha Tarkavachaspati

In the interest of creating a more extensive selection of rare historical book reprints, we have chosen to reproduce this title even though it may possibly have occasional imperfections such as missing and blurred pages, missing text, poor pictures, markings, dark backgrounds and other reproduction issues beyond our control. Because this work is culturally important, we have made it available as a part of our commitment to protecting, preserving and promoting the world's literature. Thank you for your understanding.

APHORISMS OF PANINI

EDITED BY

PROFESSOR TARANATHA TARKAVACHASPATI.

PUBLISHED BY

PANDIT JIBANANDA VIDYASAGARA B. A.

Superintendent, Free Sanskrit College.

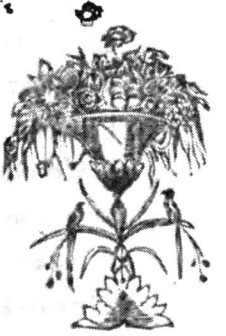

SECOND EDITION.

CALCUTTA

Printed at the Beadon Press.

1875.

To be had from Pandit Jibananda Vidyasagara B. A. Superintendent, Free Sanskrit College Calcutta.

पाणिनीयाष्टकम्।

प्रथमाध्याये प्रथम पादे

---

१ वृद्धिरादैच् पृ १९
२ अदेङ् गुणः पृ १९
३ इको गुणवृद्धी पृ २५
४ न धातुलोप आर्द्धधातुके उ२१८
५ क्ङिति च। उ १८
६ दीधीवेवीटाम् उ १२
७ हलोऽनन्तराः संयोगः पृ २४
८ मुखनासिकावचनो ऽनुनासिकः
पृ ९
९ तुल्यास्यप्रयत्नं सवर्णम् पृ ९
१० नाज्झलौ पृ १६
११ ईदूदेद्द्विवचनं प्रगृह्यम् पृ ५५
१२ अदसो मात् पृ ५६
१३ शे। पृ ५६
१४ निपात एकाजनाङ् पृ ५६
१५ ओत् पृ ५७ [पृ ५७
१६ संबुद्धौ शाकल्यस्येतावनार्षे
१७ उञः पृ ५७
१८ ऊँ पृ ५७
१९ ईदूतौ च सप्तम्यर्थे पृ ५८
२० दाधा घ्वदाप् उ ९४
२१ आद्यन्तवदेकस्मिन् पृ १५२
२२ तरप्तमपौ घः पृ ७००
२३ बहुगणवतुडति संख्या
पृ १९२
२४ ष्णान्ता षट्। पृ १९२
२५ डति च। पृ ११
२६ क्तक्तवतू निष्ठा उ २४६
२७ सर्वादीनि सर्वनामानि पृ ९५
२८ विभाषा दिक्समासे बहुव्रीहौ
पृ १२८
२९ न बहुव्रीहौ पृ १००
३० तृतीयासमासे पृ १०१
३१ द्वन्द्वे च पृ १०२
३२ विभाषा जसि पृ १०२
३३ प्रथमचरमतयाल्पार्द्धकतिपयने-
माश्च पृ १०२
३४ पूर्वपरावरदक्षिणोत्तरापराध-

राचि व्यवस्थायामसंज्ञायाम् पृ ६६	८ न पदान्तद्विर्वचनवरेयलोप-स्वरसवर्णानुस्वारदीर्घजश्चर्विधिषु पृ १५
३५ सम्प्रतिधनाख्यायाम् पृ ६६	
३६ अन्तर्वहिर्योगोपसंख्यानयोः पृ १००	६ द्विर्वचनेऽचि च २४
३७ खरादिनिपातमव्ययम् पृ १६८	७० अदर्शनं लोपः पृ २६
३८ तद्धितश्चासर्वविभक्तिः पृ २०२	१ प्रत्ययस्य लुक्श्लुलुपः पृ ११५
३६ कृन्मेजन्तः पृ २०४	२ प्रत्ययलोपे प्रत्ययलक्षणम्। पृ ११४
४० क्त्वातोसुन्कसुनः पृ २०४	
४१ अव्ययीभावश्च पृ २०४	३ न लुमताङ्गस्य पृ ११४
४२ शि सर्वनामस्थानम् पृ १३६	४ अचोऽन्त्यादि टि पृ ४७
४३ सुडनपुंसकस्य पृ १०४	५ अचोऽन्त्यात् पूर्व उपधा पृ २०
४४ न वेति विभाषा पृ २६	६ तस्मिन्निति निर्दिष्टे पूर्वस्य पृ २८
४५ इग्यणः संप्रसारणम् पृ १४७	
४६ आद्यन्तौ टकितौ पृ २६	७ तस्मादित्युत्तरस्य पृ २८
४७ मिदचोऽन्त्यात् परः पृ २६	८ स्वं रूपं शब्दस्याशब्दसंज्ञा पृ २२ [पृ १७
४८ एच इग्घ्रस्वादेशे पृ १४४	
४६ षष्ठी स्थाने योगा पृ २७	६ अणुदित् सवर्णस्य चाप्रत्ययः
५० स्थानेऽन्तरतमः पृ २७	७० तपरस्तत्कालस्य पृ १८
५१ उरण् रपरः पृ ४२	१ आदिरन्त्येन सहेता पृ ३
५२ अचोऽन्त्यस्य पृ २८	२ येन विधिस्तदन्तस्य पृ २२
५३ ङिच्च पृ २८	३ वर्द्विर्वचनाचामादिस्तद्द्व्युम्। पृ ५६०
५४ आदेः परस्य पृ २८	
५५ अनेकाल् शित् सर्वस्य पृ २८	४ त्वदादीनि च पृ ५६०
५६ स्थानिवदादेशोऽनल्विधौ पृ३२	५ एङ् प्राचां देशे पृ ५६१
५७ अचः परस्मिन् पूर्वविधौ पृ३४	

प्रथमाध्याये द्वितीय पादः । ३

१ गाङ्कुटादिभ्योऽञ्णिन्ङित् उ ११९
२ विज इट् [उ १५०
३ विभाषोर्णोः उ १९६
४ सार्वधातुकमपित् उ २२
५ असंयोगाल्लिट् कित् उ २४
६ इन्धिभवतिभ्यां च उ ४८१
७ मृडमृदगुधकुषक्लिशवदवसः क्त्वा उ ४६२ (उ १९८
८ रुदविदमुषग्रहिस्वपिप्रच्छः सँश्च
९ इको झल् उ १९९
१० हलन्ताच्च उ १९९
' १ लिङ्सिचावात्मनेपदेषु उ ५५
' २ उश्च । उ ९१
' ३ वा गमः । उ २४६
' ४ हनः सिच् उ २४५
' ५ यमो गन्धने उ २४६
' ६ विभाषोपयमने उ २५४
' ७ स्थाघ्वोरिच्च उ १००
' ८ न क्त्वा सेट् उ ४६०
' ९ निष्ठा शीङ्स्विदिमिदिक्ष्विदि-धृषः उ २५२
२० मृषस्तितिक्षायाम् उ २५४
' १ उदुपधाद्भावादिकर्मणोरन्यतर-स्याम् उ २५४
२२ पूङः क्त्वा च उ २५२

' ३ नोपधात् थफान्ताद्वा उ ४६२
' ४ वञ्चिलुञ्च्यृतश्च उ ४६२ [उ ४६२
' ५ तृषिमृषिकृशेः काश्यपस्य
' ६ रलो व्युपधाद्धलादेः संश्च उ २००
' ७ ऊकालोऽज्झ्रस्वदीर्घप्लुतः पू ५
' ८ अचश्च पू २५
' ९ उच्चैरुदात्तः पू ५
३० नीचैरनुदात्तः पू ६
' १ समाहारः स्वरितः पू ६
' २ तस्यादित उदात्तमर्द्धह्रस्वम् पू ६ [उ ५४२
३३ एकश्रुति दूरात् सम्बुद्धौ
' ४ यज्ञकर्मण्यजपन्यूङ्खसामसु उ ५४२ [उ ५४२
' ५ । उच्चैस्तरां वा वषट्कारः ।
' ६ । विभाषा छन्दसि । उ ५४२
' ७ । न सुब्रह्मण्यायां स्वरितस्य तूदात्तः । उ ५४२ ।
' ८ । देवब्रह्मणोरनुदात्तः । उ ५४२
' ९ । स्वरितात् संहितायामनुदा-त्तानाम् । उ ५४२ ।[उ ५४४
४० । उदात्तस्वरितपरस्य सन्नतरः ।
' १ । अपृक्त एकाल् प्रत्ययः । पू १११
' २ । तत्पुरुषः समानाधिकरणः कर्मधारयः । पू २६२
' ३ प्रथमानिर्दिष्टं समास उपसर्ज-

४ पाणिनीयाष्टके ।

नम् पू ३२१ [पू ३२२
‘ ४ एकविभक्ति चापूर्वनिपाते ।
‘ ५ अर्थवदधातुरप्रत्ययः प्रातिपदिकम् पू ८४ ।
‘ ६ कृत्तद्धितसमासाश्च पू ८४ ।
‘ ७ ह्रस्वो नपुंसके प्रातिपदिकस्य पू १४२
‘ ८ गोस्त्रियोरुपसर्जनस्य पू ३२२
‘ ९ लुक् तद्धितलुकि पू ५७५
५० इद्गोण्याः पू ६२४
‘ १ लुपि युक्तवद्व्यक्तिवचने पू ५४९
‘ २ विशेषणानां चाजातेः पू ५५१
‘ ३ तदशिष्यं संज्ञाप्रमाणत्वात् पू ५४९
‘ ४ लुब्योगाप्रख्यानात् पू ५४९
‘ ५ योगप्रमाणे च तदभावेऽदर्शनं स्यात् पू ५५०
‘ ६ प्रधानप्रत्ययार्थवचनमर्थस्यान्यप्रमाणत्वात् पू ५५० [पू ५५०
‘ ७ कालोपसर्जने च तुल्यम्
‘ ८ जात्याख्यायामेकस्मिन् बहुवचनमन्यतरस्याम् पू २९३
‘ ९ अस्मदो द्वयोश्च पू २९४
६० फल्गुनीप्रोष्ठपदानां च नक्षत्रे पू २९४ [उ ४७९
‘ १ छन्दसि पुनर्वस्वोरेकवचनम्
‘ २ विशाखयोश्च उ ४७९
‘ ३ तिष्यपुनर्वस्वोर्नक्षत्रद्वन्द्वे बहुवचनस्य द्विवचनं नित्यम् पू २९४ [पू ८७
‘ ४ सरूपाणामेकशेष एकविभक्तौ
‘ ५ वृद्धो यूना तल्लक्षणश्चेदेव विशेषः पू ४४४
‘ ६ स्त्री पुंवच्च पू ४४५
‘ ७ पुमान् स्त्रिया पू ४४५ [पू ४४३
‘ ८ भ्रातृपुत्रौ स्वसृदुहितृभ्याम्
‘ ९ नपुंसकमनपुंसकेनैकवच्चास्यान्यतरस्याम् पू ४४६
७० पिता मात्रा पू ४४३
‘ १ श्वशुरः श्वश्र्वा पू ४४७
‘ २ त्यदादीनि सर्वैर्नित्यम् पू ४४७
‘ ३ ग्राम्यपशुसंघेष्वतरुणेषु स्त्री पू ४४८

तृतीय पादे

१ भूवादयो धातवः पू १९
२ उपदेशेऽजनुनासिक इत् पू ४
३ हलन्त्यम् पू २
४ न विभक्तौ तुस्माः पू ८८
५ आदिर्ञिटुडवः उ ४२
६ षः प्रत्ययस्य पू २१८
७ चुटू पू ८८
८ लशक्वतद्धिते पू ९०

प्रथमाध्याये तृतीय पादे ।

८ तस्य दोषः पृ २६ [पृ ६२
१० यकारं खमनुदत्तः समानाम्
१ स्वरितेऽधिकारः पृ २०
२ अनुदात्तङित आत्मनेपदम् ७ ४
३ भावकर्मणोः ७ २४०
४ कर्त्तरि कर्मव्यतिहारे ७२४०
५ न गतिहिंसार्थेभ्यः ७ २४०
६ इतरेतरान्योऽन्योपपदाच्च ७२४१
७ नेर्विशः ७ २४१
८ परिव्यवेभ्यः क्रियः ७ २४१
९ विपराभ्यां जेः ७ २४२
१० आङो दोऽनास्यविहरणे ७ २४१
१ क्रीडोऽनुसंपरिभ्यश्च ७२४१
२ समवप्रविभ्यः स्थः ७ २४३
३ प्रकाशनस्थेयाख्ययोश्च ७२४१
४ उदोऽनूर्ध्वकर्मणि ७ २४६
५ उपान्मन्त्रकरणे ७ २४४
६ अकर्मकाच्च ७ २४४.
७ तद्भिभ्यां तपः ७ २४४
८ आङो यमहृषः ७ २४५
९ ष्णो गन्धनेजभ्याम् ७ २४६
१० निसमुपविभ्यो ह्वः ७ २४८
१ स्पर्धायामाङः ७ २४८
२ गन्धनावक्षेपणसेवनसाहसि-
प्रतियत्नप्रकथनोपयोगेषु कृञः

७ २४८
३ अधेः प्रसहने ७ २४८
४ वेः शब्दकर्मणः ७ २४९
५ अकर्मकाच्च ७ २४९
६ संमानवोत्सञ्जनाचार्यकरण-
ज्ञानभृतिविगणनव्ययेषु नियः ७२४९
७ कर्तृस्थे चाशरीरे कर्मणि ७
२५०
८ व्यक्तिवाग्गायनेषु क्रमः ७२५०
९ उपपराभ्यामु ७ २५०
१० आङ उद्गमने ७ २५०
१ वेः पादविहरणे ७ २५१
२ प्रोपाभ्यां समर्थाभ्यां ७२५१
३ अनुपसर्गाद्वा ७ २५१
४ अपह्नवे ज्ञः ७ २५१
५ अकर्मकाच्च । ७ २५१
६ व्यतिहभ्यामाख्याने ७ २५१
७ आत्ममैत्रिकाख्यानयज्ञविश्व-
स्तुपमन्त्रणेषु वदः ७ २५२
८ व्याहरार्थः सञ्चारणे ७२५२
९ समोरकर्मकात् ७ २५१
५० विभाषा विप्रलापे ७ २५२
१ अनादुद्गुः ७ २५१
२ समः प्रतिज्ञाने ७ २५३
३ उदश्चरः सकर्मकात् ७ २५२
४ समस्तृतीयायुक्तात् ७ २५१
५ दाण्व च साचेत्यर्थम् ७२५१

६ उषाद्यम: खकरणे ७ २५१	८ येषात् कर्त्तरि परस्मैपदम्
७ मास्त्वर्त्रयां यम: ७ २५४	८ अनुपराभ्यां कृञ: ७ २६२
८ नाङोर्ष: ७ २५४	८० अभिप्रत्यतिभ्य: क्षिप: ७२६३
८ प्रत्याङ्भ्यां स्रुव: ७ २५४	८ १ प्राह्वः ७ २६२
६० यदे: ष्टित: ७ ६०	२ परेर्ह्व: ७ २६२
१ वियतेर्लुङ्लिङोश्च ७ १५४	३ व्याङ्परिभ्यो रम: ७ २६३
२ पूर्ववत् सम: ७ २५५	४ तपाच ७ २६१
३ आमश्रयत् क्ञोऽनुप्रयोगस्य	५ विभाषाकर्मकात् ७ २६२
७ २१ [७ २५५	६ बुधयुधनशजनेङ्प्रुद्रुश्रो
४ प्रोपाभ्यां युजेरयत्रपात्रे ७	ञो: ७ ६२
५ सम: क्ष्णुव: ७ २५५	७ निगरणचलनार्थेभ्यश्च ७ २६३
६ भुजोऽनवने ७ २५६	८ अणावकर्मकाच्चित्तवत्कर्त्त का त्
७ णेरणौ यत् कर्म णौ चेत् स	७ २६४
कर्त्तानाध्याने ७ २५६	८ न पादभ्याङ्वदाङ्वसपरि
८ भीक्ष्मोर्हेतभवे ७ १८४	क्रचिच्झितिवदष: ७ २६४
८ स्वरिस्रुवो: प्रक्रमणे ७२५८	८० वा क्यष: ७ २२८
७० लय: शद्धानमशालीनीकरण-	१ द्युद्भ्यो लुङि ७ ७७
योश्च ७ १८४ [७ २५८	२ वृद्भ्यः स्यसनो: ७ ७८
१ मिथ्योपपदात् क्ञोऽभ्यासे	६३ लुटि च क्लप: ७ ८०
२ स्वरितञित: कर्त्राभिप्राये कि	चतुर्थपादे।
यायके ७ ५	१ आ कडाराद्देका संज्ञा पू १०५
३ अपाह्वद: ७ २६०	२ विप्रतिषेधे परं कार्यम् पू ८१
४ णिचच ७ ७०	३ यू स्त्राख्यौ नदी पू ११६
५ समुदाङ्भ्यो यमोऽग्रन्थे ७२६०	४ नेयङुवङ्स्थानावस्त्री पू १२५
६ अनुपसगौज्ञ: ७ २६०	५ व.नि पू १३५
७ विभाषोपपदेन प्रतीयमाने	६ ङिति ह्रस्वश्च पू १११
७ २६० [७ ५	७ घे णो घ्यसखि पू १०६

प्रथमाध्याये चतुर्थे पादे ।

द पतिः समास एव पृ १९१
६ षष्ठीयुक्तच्छन्दसि वा ७ ४७९
१० सुप्तं सुपु पृ २४
११ संयोगे गुरु पृ २४
१२ दीर्घं च पृ २४
१ यस्मात् प्रत्ययविधिस्तदादि प्रत्ययेऽङ्गम् पृ ८९
४ सुप्तिङन्तं पदम् पृ २२
५ नः क्ये ७ २२०
६ सिति च पृ ५२५
७ स्वादिष्वसर्वनामस्थाने पृ १०६
८ यचि भम् पृ १०५
९ तसौ मत्वर्थे पृ ६७८
२० अयस्मयादीनि छन्दसि ७ ४८
१ बहुषु बहुवचनम् पृ ८७
२ द्वेकयोर्द्विवचनैकवचने पृ ७७
३ कारके पृ २४८
४ ध्रुवमपायेऽपादानम् पृ २८२
५ भीत्रार्थानां भयहेतुः पृ २८६
६ पराजेरसोढः पृ २८६
७ वारणार्थानामीप्सितः पृ २८६
द अन्तर्धौ येनादर्शनमिच्छति पृ २८७
८ आख्यातोपयोगे पृ २८७
१० जनिकर्तुः प्रकृतिः पृ २८७
१ भुवः प्रभवः पृ २८७
२ कर्मणा यमभिप्रैति स सम्प्रदानम् २७५

१ रुच्यर्थानां प्रीयमाणः पृ २७६
४ श्लाघहुङ्स्थाशपां ज्ञीप्स्यमानः पृ २७७
५ धारेरुत्तमर्णः पृ २७७
६ स्पृहेरीप्सितः पृ २७७
७ क्रुधद्रुहेर्ष्यासूयार्थानां यं प्रति कोपः पृ २७८ [पृ २७८
८ क्रुधद्रुहोरुपसृष्टयोः कर्म
८ राधीक्ष्योर्येष्विप्रश्नः पृ २७८
४० प्रत्याङ्भ्यां श्रुवः पूर्वस्य कर्ता पृ २७८
१ अनुप्रतिगृणश्च पृ २७८
२ यज्ञकृतं करणम् पृ २६८
३ दिवः कर्म च पृ २७१
४ परिक्रयणे सम्प्रदानमन्यतरस्याम् पृ २७८
५ आधारोऽधिकरणम् पृ ३०६
६ अधिशीङ्स्थासां कर्म पृ २६०
७ अभिनिविशश्च पृ २६०
८ उपान्वध्याङ्वसः पृ २६१
८ कर्तुरीप्सिततमं कर्म पृ २४८
५० तथा युक्तं चानीप्सितम् पृ २५२
८ अकथितं च पृ २५२
२ गतिबुद्धिप्रत्यवसानार्थशब्दकर्मकर्माकाणामणिकर्ता स णौ पृ २५६
३ हृक्रोरन्यतरस्याम् पृ २६०
४ सतन्नः कर्ता पृ २६८

५ तत्प्रयोगको रेहष्व ७ १८८
६ प्राप्तीचरा भिमाता: पू १८
७ चादयोऽसत्त्वे पू २०
८ प्रादयः पू २०
९ उपसर्गः क्रियायोगे पू २०
६० गतिश्च पू २०
१ ऊर्यादिचिदाचश्च पू १७१
२ अनुकरणं चानितिपरम् पू १७२
३ आदरानादरयोः सदसती पू १७२
४ भूषणेऽलम् पू १७२
५ अन्तरपरिग्रहे पू १७२
६ कणेमनसी व्रज्ञाप्रतीघाते पू १७१
७ पुरोऽव्ययम् पू १७१
८ अस्तं च पू १७२
९ अच्छ गत्यर्थवदेषु पू १७३
७० अदोऽनुपदेशे पू १७४
१ तिरोऽन्तर्धौ पू १७४
२ विभाषा कृञि पू १७४
३ उपाजेऽन्वाजे पू १७४
४ साक्षात्प्रभृतीनि च पू १७४
५ अनत्याधाने उरसिमनसी पू १७५
६ मध्ये पदे निवचने च पू १७५
७ निवं कृत्वोऽर्थाय पवमने पू १७५

८ प्राध्वं बन्धने पू १७६ [१७९
९ अबिक्षोपनिषत्कौपभ्ये पू ८० ते प्राग्धातोः ७ ८०
१ छन्दसि परे ऽपि ७ ४८०
२ व्यवहिताश्च ७ ४८०
३ कर्मप्रवचनीयाः पू २६२
४ अनुर्लक्षणे पू २६२
५ तृतीयार्थे पू २६४
६ हीने पू २६४
७ उपो ऽधिके च पू २६४
८ अपपरी वर्जने पू २८०
९ आङ् मर्यादावचने पू २८१
८० अब्बेलमूर्तार्थाग्मार्गीणां प्रतिपर्यनवः पू २५
९ अभिर्भागे पू २६५ [पू २८१
२ प्रति प्रतिनिधिप्रतिदानयोः
१ अधिपरी अनर्थकौ पू २६५
४ सुः पूजायाम् पू २६६
५ अतिरतिक्रमणे च पू २६६
६ अपिः पदार्थसम्भावनान्ववसर्ग समुच्चयेषु पू २६३
७ अधिरीश्वरे पू १९४
८ त्रिभाषा कृञि पू १९५
९ लः परस्मैपदम् ७ ४
१०० तङानावात्मनेपदम् ७ ०४
०१ तिङस्त्रीणि त्रीणि प्रथमा मध्यमोत्तमाः ७ ५

द्वितीयाध्याये प्रथम पादे । ९

'०२ तान्येकवचनद्विवचनबहुवचनान्येकशः उ ६
'०३ सुपः पृ ८६
'०४ विभक्तिश्च पृ ८६
'०५ युष्मद्युपपदे समानाधिकरणे स्थानिन्यपि मध्यमः उ ६
'०६ प्रहासे च मन्योपपदे मन्यतेरुत्तम एकवच्च उ ६
'०७ अस्मद्युत्तमः उ ७
'०८ शेषे प्रथमः उ ७ [पृ २३
'०९ परः सन्निकर्षः संहिता
११० विरामोऽवसानम् पृ २१

द्वितीयाध्याये प्रथमपादे ।

---

१ समर्थः पदविधिः पृ ११७
२ सुबामन्त्रिते पराङ्गवत् स्वरे उ ५४०
३ प्राक् कडारात् समासः पृ ११९
४ सह सुपा पृ ११९
५ अव्ययीभावः पृ १२१
६ अव्ययं विभक्तिसमीपसमृद्धिव्यृद्ध्यर्थाभावात्ययासम्प्रतिशब्दप्रादुर्भावपश्चाद्यथानुपूर्व्ययौगपद्यसादृश्यसम्पत्तिसाकल्यान्तवचनेषु पृ १२१
७ यथाऽसादृश्ये पृ १२७
८ यावदवधारणे पृ १२८
९ सुप् प्रतिना मात्रार्थे पृ १२८
१० अक्षशलाकासंख्याः परिणा पृ १२८
११ विभाषा पृ १२९
'२ अपपरिबहिरञ्चवः पञ्चम्या पृ १२९
'३ आङ् मर्यादाभिविध्योः पृ १२९
'४ लक्षणेनाभिप्रती आभिमुख्ये पृ १३०
'५ अनुर्यत्समया पृ १३०
'६ यस्य चायामः पृ १३०
'७ तिष्ठद्गुप्रभृतीनि च पृ १३१
'८ पारे मध्ये षष्ठ्या वा पृ १३१
'९ संख्या वंश्येन पृ १३१
२० नदीभिश्च पृ १३२
'१ अन्यपदार्थे च संज्ञायाम् पृ १३२
२२ तत्पुरुषः पृ १३३
'३ द्विगुश्च पृ १३६
'४ द्वितीया श्रितातीतपतितगतात्यस्तप्राप्तापन्नैः पृ १३६
'५ स्वयं क्तेन पृ १३७
'६ खट्वा क्षेपे पृ १३७
'७ सामि पृ १३७
'८ कालाः पृ १३७

९ अव्यक्तसंयोगे च पू २८	५० दिक्संख्ये संज्ञायाम् पू २५५
१० हृतीया तत्कृतार्थेन गुणवचनेन पू २२८	५१ तद्धितार्थोत्तरपदसमाहारे च पू २५५
१ पूर्वसदृशसमोनार्थ कलहनिपुणमिश्रश्लक्ष्णैः पू २२९	५२ संख्यापूर्वो द्विगुः पू २५७
२ कर्तृकरणे कृता बहुलम् पू २४०	५१ कुत्सितानि कुत्सनैः पू २५८
३ कर्म्याधिकार्थवचने पू २४०	५४ पापाण्यके कुत्सितैः पू २५८
४ तृतीयार्थे पू २४१	५५ उपमानानि सामान्यवचनैः पू २५८
५ भक्ष्येण मिश्रीकरणम् पू २४१	५६ उपमितं व्याघ्रादिभिः सामान्याप्रयोगे पू २५८
६ चतुर्थी तदर्थार्थबलिहितसुखरक्षितैः पू २४१	५७ विशेषणं विशेष्येण बहुलम् पू २६०
७ पञ्चमी भयेन पू २४२	५८ पूर्वापरप्रथमचरमजघन्यसमानमध्यमध्यमवीराश्च पू २६०
८ अपेतापोढमुक्तपतितापत्रस्तैः पू २४२	५९ श्रेष्वादयः कृतादिभिः पू २६०
९ स्तोकान्तिकदूरार्थकृच्छ्राणि पू २४२	६० क्तेन नञ्विशिष्टेनानञ् पू २६१
४० सप्तमी शौण्डैः पू २५१	६१ सन्महत्परमोत्तमोत्कृष्टाः पूज्यमानैः पू २६२
१ सिद्धशुष्कपक्वबन्धैश्च पू २५२	६२ वृन्दारकनागकुञ्जरैः पूज्यमानम् पू २६२
२ ध्वाङ्क्षेण क्षेपे पू २५२	६३ कतरकतमौ जातिपरिप्रश्ने पू २६२
३ कृत्यैरृणे पू २५२	६४ किं क्षेपे पू २६२
४ संज्ञायाम् पू २५२	६५ पोटायुवतिस्तोककतिपयगृष्टिधेनुवशावेहद्बष्कयणीप्रवक्तृश्रोत्रियाध्यापकधूर्तैर्जातिः पू २६३
५ क्तेनाहोरात्रावयवाः पू २५३	
६ तत्र पू २५३	
७ क्षेपे पू २५३	
८ पात्रे समितादयश्च पू २५३	
९ पूर्वकालैकसर्वजरत्पुराणनवकेवलाः समानाधिकरणेन पू २५४	६६ प्रशंसावचनैश्च पू २६४

द्वितीयाध्याये द्वितीय पादे । ११

७ युवा खलतिपलितवलिनजरतीभिः पृ २६४
‘ ८ कृत्यतुल्याख्या अजात्या
‘ ९ वर्णो वर्णेन पृ २६५
७० कुमारः श्रमणादिभिः पृ २६६
‘ १ चतुष्पादो गर्भिण्या पृ २६६
७२ मयूरव्यंसकादयश्च पृ २६६

द्वितीयपादे ।

१ पूर्वापरावरोत्तर*मेकदेशिनैकाधिकरणे पृ २४८
२ अर्द्धं नपुंसकम् पृ २४९
३ द्वितीयतृतीयचतुर्थतुर्याण्यन्यतरस्याम् पृ २४९
४ प्राप्तापन्ने च द्वितीयया पृ २५०
५ कालाः परिमाणिना पृ २५०
६ नञ् पृ २६६
७ ईषदकृता पृ २६८
८ षष्ठी पृ २४३
९ याजकादिभिश्च पृ २४३
१० न निर्द्धारणे पृ २४४
‘ १ पूरणगुणसुहितार्थसदव्ययतव्यसमानाधिकरणेन पृ २४४
‘ २ क्तेन च पूजायाम् पृ २४६
‘ ३ अधिकरणवाचिना च पृ २४६
‘ ४ कर्मणि च पृ २४६
‘ ५ तृजकाभ्यां कर्त्तरि पृ २४७
‘ ६ कर्त्तरि च पृ २४७
‘ ७ नित्यं क्रीडाजीविकयोः पृ २४७
‘ ८ कुगतिप्रादयः पृ ३७१
‘ ९ उपपदमतिङ् पृ ३७८
२० अमैवाव्ययेन पृ ३७९ [३८०
‘ १ तृतीयाप्रभृतीन्यन्यतरस्याम् पृ
‘ २ क्त्वा च पृ ३८०
‘ ३ शेषो बहुव्रीहिः पृ ३९९
‘ ४ अनेकमन्यपदार्थे पृ ३९९
‘ ५ संख्ययाव्ययासन्नादूराधिकसंख्याः संख्येये पृ ४१०
‘ ६ दिङ्नामान्यन्तराले पृ ४११
‘ ७ तत्र तेनेदमिति सरूपे पृ ४११
‘ ८ तेन सहेति तुल्ययोगे पृ ४१३
‘ ९ चार्थे द्वन्द्वः पृ ४३०
३० उपसर्जनं पूर्वम् पृ ३२२
‘ १ राजदन्तादिषु परम् पृ ४३२
‘ २ द्वन्द्वे घि पृ ४३२
‘ ३ अजाद्यदन्तम् पृ ४३३
‘ ४ अल्पाच्तरम् पृ ४३३ [४२८
‘ ५ सप्तमीविशेषणे बहुव्रीहौ पृ
‘ ६ निष्ठा पृ ४२९
‘ ७ वाहिताग्न्यादिषु पृ ४२९
३८ कडाराः कर्मधारये पृ ४२९

---

*पूर्वापराधरोत्तरमिति पाठान्तरम् ।

तृतीये पादे।

१ अनभिहिते पू २५०
२ कर्मणि द्वितीया पू २५०
३ तृतीया च होश्छन्दसि उ४=१
४ अन्तरान्तरेण युक्ते पू २६२
५ कालाध्वनोरत्यन्तसंयोगे पू२६८
६ अपवर्गे तृतीया पू २७२
७ सप्तमीपञ्चम्यौ कारकमध्ये पू ३१४
८ कर्मप्रवचनीययुक्ते द्वितीया पू२६२
९ यस्मादधिकं यस्य चेश्वरवचनं तत्र सप्तमी पू ३१४
१० पञ्चम्यपाङ्परिभिः पू २९१
' १ प्रतिनिधिप्रतिदाने च यस्मात् पू २९१
' २ गत्यर्थकर्मणि द्वितीयाचतुर्थ्यौ चेष्टायामनध्वनि पू २८२
' ३ चतुर्थी सम्प्रदाने पू २७५
' ४ क्रियार्थोपपदस्य च कर्मणि स्थानिनः पू २८०
' ५ तुमर्थाच्च भाववचनात् पू २८१
' ६ नमःस्वस्तिस्वाहास्वधालंवषड्योगाच्च पू २८१ [विभु पू२८२
' ७ मन्यकर्मण्यनादरे विभाषाऽप्रा
' ८ कर्तृकरणयोस्तृतीया पू २७०
' ९ सहयुक्तेऽप्रधाने पू २७२
२० येनाङ्गविकारः पू २७३
' १ इत्थंभूतलक्षणे पू२७३ [पू२७३
' २ संज्ञोऽन्यतरस्यां कर्मणि
' ३ हेतौ पू २७३
' ४ अकर्तर्यृणे पञ्चमी पू २९२
' ५ विभाषा गुणेऽस्त्रियाम् पू२९२
' ६ षष्ठी हेतुप्रयोगे पू २९५
' ७ सर्वनाम्नस्तृतीया च पू २९५
' ८ अपादाने पञ्चमी पू २८४
' ९ अन्यारादितरर्त्तेदिक्शब्दाञ्चूत्तरपदाजाहियुक्ते पू २८८
३० षष्ठ्यतसर्थप्रत्ययेन पू २९५
' १ एनपा द्वितीया पू २९६
' २ पृथग्विनानानाभिस्तृतीयाऽन्यतरस्याम् पू२९३
' ३ करणे च स्तोकाल्पकृच्छ्रकतिपयस्याऽसत्त्ववचनस्य पू २९३
' ४ दूरान्तिकार्थैः षष्ठ्यन्यतरस्याम् पू२९६ [पू २९७
' ५ दूरान्तिकार्थेभ्यो द्वितीया च
' ६ सप्तम्यधिकरणे च पू ३०७
' ७ यस्य च भावेन भावलक्षणम् पू ३१९
' ८ षष्ठी चानादरे ३१०
' ९ स्वामीश्वराधिपतिदायादसाक्षिप्रतिभूप्रसूतैश्च पू ३११ [पू ३११
४० आयुक्तकुशलाभ्यां चासेवायाम्
' १ यतश्च निर्धारणम् पू ३११
' २ पञ्चमी विभक्ते पू ३१२

द्वितीयाध्याये चतुर्थ पादे । १९

‘३ साधुनिपुणाभ्यामर्चायां सप्तम्यप्रतेः पू ११२ [पू ११३
‘४ प्रसितोत्सुकाभ्यान्तृतीया च
‘५ नक्षत्रे च लुपि ११२
‘६ प्रातिपदिकार्थलिङ्गपरिमाण-वचनमात्रे प्रथमा २४४
‘७ सम्बोधने च पू २४७
‘८ सामन्त्रितम् पू १७७
‘९ एकवचनं सम्बुद्धिः पू ८९
५० षष्ठी शेषे पू २९४
‘१ ज्ञोऽविदर्थस्य करणे पू २९६
‘२ अधीगर्थदयेशां कर्मणि पू २९७
‘३ कृञः प्रतियत्ने पू २९७ [२९७
‘४ रुजार्थानां भाववचनानामज्वरेः
‘५ आशिषि नाथः पू २९८
‘६ जासिनिप्रहणनाटक्राथपिषां हिंसायाम् पू २९८
‘७ व्यवहृपणोः समर्थयोः पू २९८
‘८ दिवस्तदर्थस्य पू २९९
‘९ विभाषोपसर्गे पू २९९
६० द्वितीया ब्राह्मणे छ ४८१
‘१ प्रेष्यब्रुवोर्हविषो देवतासम्प्रदाने पू २९९ [छ ४८२
‘२ चतुर्थ्यर्थे बहुलं छन्दसि
‘३ यजेश्च करणे छ ४८२ [पू ३००
‘४ कृत्वोऽर्थप्रयोगे कालेऽधिकरणे
‘५ कर्तृकर्मणोः कृति पू ३००
‘६ उभयप्राप्तौ कर्मणि पू ३०१
‘७ क्तस्य च वर्तमाने पू ३०२
‘८ अधिकरणवाचिनश्च पू ३०३
‘९ न लोकाव्ययनिष्ठाखलर्थतृनाम् पू ३०२ [पू ३०४
७० अकेनोर्भविष्यदाधमर्ण्ययोः
‘१ कृत्यानां कर्तरि वा पू ३०५
‘२ तुल्यार्थैरतुलोपमाभ्यां तृतीयान्यतरस्याम् पू ३०५
‘३ चतुर्थी चाशिष्यायुष्यमद्रभद्रकुशलसुखार्थहितैः पू ३०६

चतुर्थ पादे ।

१ द्विगुरेकवचनम् पू २५७ [पू ३१२
२ द्वन्द्वश्च प्राणितूर्यसेनाङ्गानाम्
३ अनुवादे चरणानाम् पू ४३४
४ अध्वर्युक्रतुरनपुंसकम् पू ४३४
५ अध्ययनतोऽविप्रकृष्टाख्यानाम् पू ४३५
६ जातिरप्राणिनाम् पू ४३५ [पू ४३६
७ विशिष्टलिङ्गो नदीदेशोऽग्रामाः
८ क्षुद्रजन्तवः पू ४३६ [पू ४३७
९ येषां च विरोधः शाश्वतिकः
१० शूद्राणामनिरवसितानाम् पू ४३७
‘१ गवाश्वप्रभृतीनि च पू ४३७
‘२ विभाषा वृक्षमृगतृणधान्यव्यञ्जन-

२

अन यद्यु यकुल्यस्ववडव पूर्वापरा-
धरोत्तराणाम् पू ४३७ [पू ४ ३९
' ३ विप्रतिषिद्धं चानधिकरणवाचि
' ४ न दधिपयआदीनि पू ४३९
' ५ अधिकरणैतावत्त्वे च पू ४४०
' ६ विभाषा समीपे पू ४४०
' ७ स नपुंसकम् पू २९५
' ८ अव्ययीभावश्च पू ३२३ [पू २९६
' ९ तत्पुरुषो ऽनञ् कर्मधारयः
२० संज्ञायां कन्थोशीनरेषु पू २९६
' १ उपज्ञोपक्रमं तदाद्याचिख्या-
सायाम् पू २९६
' २ छाया बाहुल्ये पू २९७
' ३ सभा राजामनुष्यपूर्वा पू २९७
' ४ अशाला च पू २९८
' ५ विभाषा सेनासुराछायाशाला-
निशानाम् पू २९८ [पू २९०
' ६ परवल्लिङ्गं द्वन्द्वतत्पुरुषयोः
' ७ पूर्ववदश्ववडवौ पू २९१
' ८ हेमन्तशिशिरावहोरात्रे च छ-
न्दसि उ ४८२
' ९ रात्राह्नाहाः पुंसि पू २९१
३० अपथं नपुंसकम् पू २९२
' १ अर्धर्चाः पुंसि च पू २९२
' २ इदमोऽन्वादेशेऽशनुदात्तस्तृती-
यादौ पू १५४ [पू ६९२
' ३ एतदोऽस्तौस् तसोस्तसौ चानुदा
' ४ द्वितीयाटौस्स्वेनः पू १५४
' ५ आर्धधातुके उ १११ [उ २९१
' ६ अदो जग्धिर्ल्यप्ति किति
' ७ लुङ्सनोर्घस्लृ उ ११०
' ८ घञपोश्च उ ४४३
' ९ बहुलं छन्दसि उ ४८२
४० लिट्यन्यतरस्याम् उ १०९
' १ वेञो वयिः उ १०९
' २ हनो वध लिङि उ १११
' ३ लुङि च उ १११ [२४५
' ४ आत्मनेपदेष्वन्यतरस्याम् उ
' ५ इणो गा लुङि उ ११८
' ६ णौ गमिरबोधने उ १९७
' ७ सनि च उ २००
' ८ इङश्च उ २००
' ९ गाङ् लिटि उ ११८
५० विभाषा लुङ्लृङोः उ ११९
' १ णौ च संश्चङोः उ १९०
' २ अस्तेर्भूः उ १२२
' ३ ब्रुवो वचिः उ ११७
' ४ चक्षिङः ख्याञ् उ ११२
' ५ वा लिटि उ ११२
' ६ अजेर्व्यघञपोः उ ४८
' ७ वा यौ उ ४५५
' ८ ण्यक्षत्रियार्षञितो यूनि लुग-
णिञोः पू ५४२
' ९ पैलादिभ्यश्च पू ४९२
६० इञः प्राचाम् पू २९२

तृतीयाध्याये प्रथमपादे । १५

‘१ न तौल्वलिभ्यः पू ४९३
‘२ तद्राजस्य बहुषु तेनैवास्त्रि-
याम् पू ५२०
‘३ यस्कादिभ्यो गोत्रे पू ५१०
‘४ यञञोश्च पू ५०२
‘५ अत्रिभृगुकुत्सवसिष्ठगोतमाङ्गि-
रोभ्यश्च पू ५११ [पू ५११
‘६ बह्वच इञः प्राच्यभरतेषु
‘७ न गोपवनादिभ्यः पू ५११
‘८ तिककितवादिभ्यो द्वन्द्वे पू५११
‘९ उपकादिभ्योऽन्यतरस्यामद्व-
न्द्वे पू ५१२
७० आगस्त्यकौण्डिन्ययोरगस्ति-
कुण्डिनच् पू ५१२ [१२०
‘१ सुपो धातुप्रातिपदिकयोः पू
‘२ अदिप्रभृतिभ्यः शपः उ१०९
‘३ बहुलं छन्दसि उ ४८३
‘४ यङोऽचि च उ २११
‘५ जुहोत्यादिभ्यः श्लुः उ १२८
‘६ बहुलं छन्दसि उ ४८३
‘७ गातिस्थाघुपाभूभ्यः सिचः
परस्मैपदेषु उ १९ [उ९५
‘८ विभाषा घ्राधेट्शाच्छासः
‘९ तनादिभ्यस्तथासोः उ १६१
८० मन्त्रे घसह्वरणशवृदहाद्वृच्कृ-
गमिजनिभ्यो लेः उ ४८३
‘१ आमः उ २३
‘२ अव्ययादाप्सुपः पू २०४
‘३ नाव्ययीभावादतोऽम् त्वप-
ञ्चम्याः पू १२२ [१२३
‘४ तृतीयासप्तम्योर्बहुलम् पू
‘५ लुटः प्रथमस्य डारौरसः उ१२

तृतीयाध्याये प्रथमपादे ।

१ प्रत्ययः पू ८५
२ परश्च पू ८५
३ आद्युदात्तश्च उ ५५९
४ अनुदात्तौ सुप्पितौ उ ५५९
५ गुप्तिज्किद्भ्यः सन् उ १०१
६ मान्बधदान्शान्भ्यो दीर्घश्चाभ्य-
सस्य उ १०१
७ धातोः कर्मणः समानकर्तृकादि-
च्छायां वा उ १९८
८ सुप आत्मनः क्यच् उ २२०
९ काम्यच् च उ २२२
१० उपमानादाचारे उ २२२
‘१ कर्तुः क्यङ् सलोपश्च उ २२३
‘२ भृशादिभ्यो भुव्यच्वेर्लोपश्च
हलः उ २२६ [उ २२८
‘३ लोहितादिडाज्भ्यः क्यष्
‘४ कष्टाय क्रमणे उ २२९
‘५ कर्मणो रोमन्थतपोभ्यां वर्ति-
चरोः उ २२९
‘६ वाष्पोष्मभ्यामुद्वमने उ २३०

१६ पाणिनीयाष्टके ।

‘ ७ शब्दवैरकलहाभ्रकण्वमेघेभ्यः करणे उ २१० [२१०

‘ ८ सुखादिभ्यः कर्तृवेदनायाम्

‘ ९ नमोवरिवश्चित्रङः क्यच् उ २१०

२० पुच्छभाण्डचीवराण्णिङ् उ २११

‘ १ मुण्डमिश्रश्लक्ष्णलवणव्रतवस्त्रहलकलकृततूस्तेभ्यो णिच् उ २३१

‘ २ धातोरेकाचो हलादेः क्रियासमभिहारे यङ् उ १०६

‘ ३ नित्यं कौटिल्ये गतौ उ २०७

‘ ४ लुपसदचरजपजभदहदशगॄभ्यो भावगर्हायाम् उ २०७

‘ ५ सत्यापपाशरूपवीणातूलश्लोकसेनालोमत्वचवर्मवर्णचूर्णचुरादिभ्यो णिच् उ १७०

‘ ६ हेतुमति च उ १८९

‘ ७ कण्ड्वादिभ्यो यक् उ २१७

‘ ८ गुपूधूपविच्छिपणिपनिभ्य आयः उ ५७

‘ ९ ऋतेरीयङ् उ १०९

३० कमेर्णिङ् उ ६० [उ ५७

‘ १ आयादय आर्धधातुके वा

‘ २ सनाद्यन्ता धातवः उ ५७

‘ ३ स्यतासी लृलुटोः उ १२

‘ ४ सिब्बहुलं लेटि उ ४८९

‘ ५ कास्प्रत्ययादाममन्त्रे लिटि उ ५७ [उ २१

‘ ६ इजादेश्च गुरुमतोऽनृच्छः

‘ ७ दयायासश्च उ ६५ [उ ७५

‘ ८ उषविदजागृभ्योऽन्यतरस्याम्

‘ ९ भीह्रीभृहुवां श्लुवच्च उ १२८

४० कृञ् चानुप्रयुज्यते लिटि उ २१ [उ १२१

‘ १ विदाङ्कुर्वन्त्वित्यन्यतरस्याम्

‘ २ अभ्युत्सादयांप्रजनयांचिकयांरमयामकः पावयांक्रियाद्विदामक्रन्निति छन्दसि उ ४८४

‘ ३ च्लि लुङि उ १९

‘ ४ च्लेः सिच् उ १९ [उ ७१

‘ ५ शल इगुपधादनिटः क्सः

‘ ६ श्लिष आलिङ्गने उ १३९

‘ ७ न दृशः उ १०४ [उ ६०

‘ ८ णिश्रिद्रुस्रुभ्यः कर्त्तरि चङ्

‘ ९ विभाषा धेट्श्व्योः उ ९५

५० गुपेश्छन्दसि उ ४८४

‘ १ नोनयतिध्वनयत्येलयत्यर्दयतिभ्यः उ ४८४ [उ ११२

‘ २ अस्यतिवक्तिख्यातिभ्योऽङ्

‘ ३ लिपिसिचिह्वश्च उ१०८[१०८

‘ ४ आत्मनेपदेष्वन्यतरस्याम् उ

‘ ५ पुषादिद्युताद्य्लृदितः परस्मैपदेषु उ ७६

‘ ६ सर्त्तिशास्त्यर्त्तिभ्यश्च उ ९७

'७ इरितो वा उ २६

'८ जॄस्तम्भुम्रुचुम्लुचुग्रुचुग्लुचुग्लुञ्चुश्विभ्यश्च उ ४६ [४=५

'९ कृमृदृरुहिभ्यश्छन्दसि उ

६० च्लि ते पदः उ १२७

'१ दीपजनबुधपूरितायिप्यायिभ्योऽन्यतरस्याम् उ ६६

'२ अचः कर्मकर्त्तरि उ २७६

'३ दुहश्च उ २७३

'४ न रुधः उ २७७

'५ तपोऽनुतापे च उ २६९

'६ चिण् भावकर्मणोः उ २६८

'७ सार्वधातुके यक् उ २६६

'८ कर्त्तरि शप् उ ७

'९ दिवादिभ्यः श्यन् उ १२२

७० भ्राशभ्लाशभ्रमुक्रमुक्लमुत्रसित्रुटिलषः उ ६४

'१ यसोऽनुपसर्गात् उ १४२

'२ संयसश्च उ १४२

'३ स्वादिभ्यः श्नुः उ १४५

'४ श्रुवः शृ च उ ९८

'५ अक्षोऽन्यतरस्याम् उ ७२

'६ तनूकरणे तक्षः उ ७२

'७ तुदादिभ्यः शः उ १४९

'८ रुधादिभ्यः श्नम् उ १५८

'९ तनादिकृञ्भ्य उः । उ १२१

८० धिन्विकृण्व्योर च । उ ७०

'१ क्र्यादिभ्यः श्ना उ १६४

'२ स्तम्भुस्तुम्भुस्कम्भुस्कुम्भुस्कुञ्भ्यः श्नुश्च उ १६४

'३ हलः श्नः शानज्झौ उ १६५

'४ छन्दसि शायजपि उ ४९१

'५ व्यत्ययो बहुलम् उ ४९१

'६ लिङ्याशिष्यङ् उ ४९२

'७ कर्मवत् कर्मणा तुल्यक्रियः उ २७४

'८ तपस्तपःकर्मकस्यैव उ २७७

'९ न दुहस्नुनमां यक्चिणौ उ २७६

९० कुषिरजोः प्राचां श्यन् परस्मैपदं च उ २७८

'१ धातोः । उ २९७ [२७७

'२ तत्रोपपदं सप्तमीस्थम् पू

'३ कृदतिङ् पू १६४

'४ वाऽसरूपोऽस्त्रियाम् उ २९७

'५ कृत्याः उ २९७

'६ तव्यत्तव्यानीयरः उ १९८

'७ अचो यत् उ १००

'८ पोरदुपधात् उ १०१

'९ शकिसहोश्च उ १०२

१०० गदमदचरयमश्चानुपसर्गे उ १०२

'०१ अवद्यपण्यवर्या गर्ह्यपणितव्यानिरोधेषु उ १०२

'०२ वह्यं करणम् उ १०२

' ५ तत्प्रयोजको हेतुश्च उ १८९
' ६ प्राग्रीश्वरान्निपाताः पू १९
' ७ चादयोऽसत्त्वे पू २०
' ८ प्रादयः पू २०
' ९ उपसर्गाः क्रियायोगे पू २०
६० गतिश्च पू २०
' १ ऊर्यादिच्विडाचश्च पू १७१
' २ अनुकरणं चानितिपरम् पू १७२
' ३ आदरानादरयोः सदसती पू १७२
' ४ भूषणेऽलम् पू १७२
' ५ अन्तरपरिग्रहे पू १७२
' ६ कणेमनसी श्रद्धाप्रतीघाते पू १७३
' ७ पुरोऽव्ययम् पू १७३
' ८ अस्तं च पू १७३
' ९ अच्छ गत्यर्थवदेषु पू १७३
७० अदोऽनुपदेशे पू १७४
' १ तिरोऽन्तर्धौ पू १७४
' २ विभाषा कृञि पू १७४
' ३ उपाजेऽन्वाजे पू १७४
' ४ साक्षात्प्रभृतीनि च पू १७४
' ५ अनत्याधाने उरसिमनसी पू १७५
' ६ मध्ये पदे निवचने च पू १७५
' ७ नित्यं हस्ते पाणावुपयमने पू १७५
' ८ प्राध्वं बन्धने पू १७६[१७६
' ९ जीविकोपनिषदावौपम्ये पू
८० ते प्राग्धातोः उ ४८०
' १ छन्दसि परेऽपि उ ४८०
' २ व्यवहिताश्च उ ४८०
' ३ कर्मप्रवचनीयाः पू २६२
' ४ अनुर्लक्षणे पू २६२
' ५ तृतीयार्थे पू २६४
' ६ हीने पू २६४
' ७ उपोऽधिके च पू २६४
' ८ अपपरी वर्जने पू २९०
' ९ आङ् मर्यादावचने पू २९१
९० लक्षणेत्थम्भूताख्यानभागवीप्सासु प्रतिपर्यनवः पू २९५
' १ अभिरभागे पू २६५ [पू २९१
' २ प्रतिः प्रतिनिधिप्रतिदानयोः
' ३ अधिपरी अनर्थकौ पू २६५
' ४ सुः पूजायाम् पू २६६
' ५ अतिरतिक्रमणे च पू २६६
' ६ अपिः पदार्थसम्भावनान्ववसर्गगर्हासमुच्चयेषु पू २६३
' ७ अधिरीश्वरे पू ३१४
' ८ विभाषा कृञि पू ३१५
' ९ लः परस्मैपदम् उ ४
१०० तङानावात्मनेपदम् उ ०४
' ०१ तिङस्त्रीणि त्रीणि प्रथममध्यमोत्तमाः उ ५

द्वितीयाध्याये प्रथम पादे । ९

‘०२ तान्येकवचनद्विवचनबहुवचनान्येकशः उ ६
‘०३ सुपः पृ ८६
‘०४ विभक्तिश्च पृ ८६
‘०५ युष्मद्युपपदे समानाधिकरणे स्थानिन्यपि मध्यमः उ ६
‘०६ प्रहासे च मन्योपपदे मन्यतेरुत्तम एकवच्च उ ६
‘०७ अस्मद्युत्तमः उ ७
‘०८ शेषे प्रथमः उ ७ [पृ २३
‘०९ परः सन्निकर्षः संहिता
११० विरामोऽवसानम् पृ २१

द्वितीयाध्याये प्रथमपादे ।

---

१ समर्थः पदविधिः पृ ११७
२ सुबामन्त्रिते पराङ्गवत् स्वरे उ ५४०
३ प्राक् कडारात् समासः पृ ११८
४ सह सुपा पृ ११८
५ अव्ययीभावः पृ १२१
६ अव्ययं विभक्तिसमीपसमृद्धिव्यृद्ध्यर्थाभावात्ययासम्प्रतिशब्दप्रादुर्भावपश्चाद्यथानुपूर्व्ययौगपद्यसादृश्यसम्पत्तिसाकल्यान्तवचनेषु पृ १२१
७ यथाऽसादृश्ये पृ १२७
८ यावदवधारणे पृ १२८
९ सुप् प्रतिना मात्रार्थे पृ १२८
१० अक्षशलाकासंख्याः परिणा पृ १२९
११ विभाषा पृ १२९
‘२ अपपरिबहिरञ्चवः पञ्चम्या पृ १२९
‘३ आङ् मर्यादाभिविध्योः पृ १२९
‘४ लक्षणेनाभिप्रती आभिमुख्ये पृ १३०
‘५ अनुर्यत्समया पृ १३०
‘६ यस्य चायामः पृ १३०
‘७ तिष्ठद्गुप्रभृतीनि च पृ १३१
‘८ पारे मध्ये षष्ठ्या वा पृ १३१
‘९ संख्या वंश्येन पृ १३१
२० नदीभिश्च पृ १३२
‘१ अन्यपदार्थे च संज्ञायाम् पृ १३२
२२ तत्पुरुषः पृ १३३
‘३ द्विगुश्च पृ १३६
‘४ द्वितीया श्रितातीतपतितगतात्यस्तप्राप्तापन्नैः पृ १३६
‘५ स्वयं क्तेन पृ १३७
‘६ खट्वा क्षेपे पृ १३७
‘७ सामि पृ १३७
‘८ कालाः पृ १३७

८ अल्पत्वसंयोगे च । २८	५० दिक्संख्ये संज्ञायाम् पृ २५८
९० हतीवा तत्कृतं ।	५१ तद्धितार्थोत्तरपदसमाहारे च
गुणवचनेन प २३८	पृ २५५
१ पूर्वकालैकसर्वजरत्पुराण- नवकेवलाः समानाधिकरणेन पृ २३९	२ संख्यापूर्वो द्विगुः पृ २५७
२ कर्तृकरणे कृता बहुलम् पृ २४	३ कुत्सितानि कुत्सनैः पृ २५८
३ कष्टाय क्रमणे पृ २४०	४ पापाणके कुत्सितैः पृ २५८
४ खट्वा क्षेपे पृ ३४१	५ उपमानानि सामान्यवचनैः
५ कृत्येन मिश्रीकरणम् पृ २४१	पृ २५८
६ चतुर्थी तदर्थार्थबलिहित- सुखरक्षितैः पृ २४१	६ उपमितं व्याघ्रादिभिः सामान्याप्रयोगे पृ २५८
७ पञ्चमी भयेन पृ २४२	७ विशेषणं विशेष्येण बहुलम्
८ अपेतापोढमुक्तपतितापत्रस्त- रल्यैः पृ २४२	पृ २५९
	८ पूर्वापरप्रथमचरमजघन्यसमानमध्यमध्यमवीराश्च पृ २५९
९ स्तोकान्तिकदूरार्थकृच्छाणि क्तेन पृ २४३	९ श्रेण्यादयः कृतादिभिः पृ २५९
१० सप्तमी शौण्डैः पृ २५१	१० क्तेन नञ्विशिष्टेनानञ् पृ २६१
१ सिद्धशुष्कपक्वबन्धैश्च पृ २५२	१ सन्महत्परमोत्तमोत्कृष्टाः पूज्यमानैः पृ २६२
२ ध्वाङ्क्षेण क्षेपे पृ २५२	
३ कृत्यैरधिकार्थवचने पृ २५२	२ वृन्दारकनागकुञ्जरैः पूज्यमानम् पृ २६२
४ संज्ञायाम् पृ ३५२	
५ क्तेनाहोरात्रावयवाः पृ २५३	३ कतरकतमौ जातिपरिप्रश्ने पृ २६२
६ तत्र पृ २५३	
७ क्षेपे पृ २५३	४ किं क्षेपे पृ २६२
८ पात्रेसंमितादयश्च पृ २५३	५ पोटायुवतिस्तोककतिपयगृष्टिधेनुवशावेहद्बष्कयणीप्रवक्तृश्रोत्रियाध्यापकधूर्तैर्जातिः पृ २६३
९ पूर्वकालैकसर्वजरत्पुराण- नवकेवलाः समानाधिकरणेन पृ २५४	
	६ प्रशंसावचनैश्च पृ २६४

द्वितीयाध्याये द्वितीय पादे । ११

७ युवा खलतिपलितवलिनजरतीभिः पृ २६४
' ८ कृत्यतुल्याख्या अजात्या
' ९ वर्णो वर्णेन पृ २६५
७० कुमारः श्रमणादिभिः पृ २६६
' १ चतुष्पादो गर्भिण्या पृ २६६
७२ मयूरव्यंसकादयश्च पृ २६६

द्वितीयपादे ।

१ पूर्वापरावरोत्तर*मेकदेशिनैकाधिकरणे पृ २४८
२ अर्द्धं नपुंसकम् पृ २४९
३ द्वितीयतृतीयचतुर्थतुर्याण्यन्यतरस्याम् पृ २४९
४ प्राप्तापन्ने च द्वितीयया पृ २५०
५ कालाः परिमाणिना पृ २५०
६ नञ् पृ २६९
७ ईषदकृता पृ ३६८
८ षष्ठी पृ २४३
९ याजकादिभिश्च पृ ३४३
१० न निर्द्धारणे पृ २४४
' १ पूरणगुणसुहितार्थसदव्ययतव्यसमानाधिकरणेन पृ ३४४
' २ क्तेन च पूजायाम् पृ ३४६
' ३ अधिकरणवाचिना च पृ ३४६
' ४ कर्मणि च पृ ३४६

*पूर्वापराधरोत्तरमिति पाठान्तरम् ।

' ५ तृजकाभ्यां कर्त्तरि पृ ३४७
' ६ कर्त्तरि च पृ ३४७
' ७ नित्यं क्रीडाजीविकयोः पृ ३४७
' ८ कुगतिप्रादयः पृ ३७१
' ९ उपपदमतिङ् पृ ३७८
२० अमैवाव्ययेन पृ ३७९ [३८०
' १ तृतीयाप्रभृतीन्यन्यतरस्याम् पृ
' २ क्त्वा च पृ ३८०
' ३ शेषो बहुव्रीहिः पृ ३९९
' ४ अनेकमन्यपदार्थे पृ ३९९
' ५ संख्ययाव्ययासन्नादूराधिकसंख्याः संख्येये पृ ४१०
' ६ दिङ्नामान्यन्तराले पृ ४११
' ७ तत्र तेनेदमिति सरूपे पृ ४११
' ८ तेन सहेति तुल्ययोगे पृ ४१३
' ९ चार्थे द्वन्द्वः पृ ४३०
३० उपसर्जनं पूर्वम् पृ ३२२
' १ राजदन्तादिषु परम् पृ ४३२
' २ द्वन्द्वे घि पृ ४३२
' ३ अजाद्यदन्तम् पृ ४३३
' ४ अल्पाच्तरम् पृ ४३३ [४२८
' ५ सप्तमीविशेषणे बहुव्रीहौ पृ
' ६ निष्ठा पृ ४२९
' ७ वाहिताग्न्यादिषु पृ ४२९
३८ कडाराः कर्मधारये पृ ४२९

१२ पाणिनीयाष्टके ।

तृतीय पादे ।

१ अनभिहिते पृ २५०
२ कर्मणि द्वितीया पृ २५०
३ तृतीया च होश्छन्दसि उ४=१
४ अन्तरान्तरेण युक्ते पृ २६२
५ कालाध्वनोरत्यन्तसंयोगे पृ२६८
६ अपवर्गे तृतीया पृ २७२
७ सप्तमीपञ्चम्यौ कारकमध्ये पृ ३१४
८ कर्मप्रवचनीययुक्ते द्वितीया पृ२६३
९ यस्मादधिकं यस्य चेश्वरवचनं तत्र सप्तमी पृ ३१४
१० पञ्चम्यपाङ्परिभिः पृ २६१
' १ प्रतिनिधिप्रतिदाने च यस्मात् पृ २६१
' २ गत्यर्थकर्मणि द्वितीयाचतुर्थ्यौ चेष्टायामनध्वनि पृ २८३
' ३ चतुर्थी सम्प्रदाने पृ २७५
' ४ क्रियार्थोपपदस्य च कर्मणि स्थानिनः पृ २८०
' ५ तुमर्थाच्च भाववचनात् पृ २८१
' ६ नमःस्वस्तिस्वाहास्वधालंवषड्योगाच्च पृ २८१ [विषु पृ२८२
' ७ मन्यकर्मण्यनादरे विभाषाऽप्रा
' ८ कर्तृकरणयोस्तृतीया पृ २७०
' ९ सहयुक्तेऽप्रधाने पृ २७२
२० येनाङ्गविकारः पृ २७३
' १ इत्थम्भूतलक्षणे पृ२७३ [पृ २७३
' २ संज्ञोऽन्यतरस्यां कर्मणि
' ३ हेतौ पृ २७३
' ४ अकर्त्तर्यृणे पञ्चमी पृ २९२
' ५ विभाषा गुणेऽस्त्रियाम् पृ२९२
' ६ षष्ठी हेतुप्रयोगे पृ २९५
' ७ सर्वनाम्नस्तृतीया च पृ २९५
' ८ अपादाने पञ्चमी पृ २८४
' ९ अन्यारादितरर्त्तेदिक्शब्दाञ्चूत्तरपदाजाहियुक्ते पृ २८८
३० षष्ठ्यतसर्थप्रत्ययेन पृ २९५
' १ एनपा द्वितीया पृ २९६
' २ पृथग्विनानानाभिस्तृतीयाचान्यतरस्याम् पृ२९३
' ३ करणे च स्तोकाल्पकृच्छ्रकतिपयस्यासत्त्ववचनस्य पृ २९३
' ४ दूरान्तिकार्थैः षष्ठ्यन्यतरस्याम् पृ २९६ [पृ २९७
' ५ दूरान्तिकार्थेभ्यो द्वितीया च
' ६ सप्तम्यधिकरणे च पृ ३०७
' ७ यस्य च भावेन भावलक्षणम् पृ ३०९
' ८ षष्ठी चानादरे ३१०
' ९ स्वामीश्वराधिपतिदायादसाक्षिप्रतिभूप्रसूतैश्च पृ ३११ [पृ ३११
४० आयुक्तकुशलाभ्यां चासेवायाम्
' १ यतश्च निर्धारणम् पृ ३११
' २ पञ्चमी विभक्ते पृ ३१२

द्वितीयाध्याये चतुर्थे पादे । १९

'३ साधुनिपुणाभ्यामर्चायां सप्तम्यप्रतेः पू ३१२ [पू ३१३
'४ प्रसितोत्सुकाभ्यां तृतीया च
'५ नक्षत्रे च लुपि ३१२
'६ प्रातिपदिकार्थलिङ्गपरिमाणवचनमात्रे प्रथमा २४४
'७ सम्बोधने च पू २४७
'८ सामन्त्रितम् पू १७७
'९ एकवचनं सम्बुद्धिः पू ८९
५० षष्ठी शेषे पू २९४
'१ ज्ञोऽविदर्थस्य करणे पू २९६
'२ अधीगर्थदयेशां कर्मणि पू २९७
'३ कृञः प्रतियत्ने पू २९७ [२९७
'४ रुजार्थानां भाववचनानामज्वरेः
'५ आशिषि नाथः पू २९८
'६ जासिनिप्रहणनाटक्राथपिषां हिंसायाम् पू २९८
'७ व्यवहृपणोः समर्थयोः पू २९८
'८ दिवस्तदर्थस्य पू २९९
'९ विभाषोपसर्गे पू २९९
६० द्वितीया ब्राह्मणे छ ४८१
'१ प्रेष्यब्रुवोर्हविषो देवतासम्प्रदाने पू २९९ [छ ४८२
'२ चतुर्थ्यर्थे बहुलं छन्दसि
'३ यजेश्च करणे छ ४८२ [पू ३००
'४ कृत्वोर्थप्रयोगे कालेऽधिकरणे
'५ कर्तृकर्मणोः कृति पू ३००
'६ उभयप्राप्तौ कर्मणि पू ३०१
'७ क्तस्य च वर्त्तमाने पू ३०२
'८ अधिकरणवाचिनश्च पू ३०२
'९ न लोकाव्ययनिष्ठाखलर्थतृनाम् पू ३०३ [पू ३०४
७० अकेनोर्भविष्यदाधमर्ण्ययोः
'१ कृत्यानां कर्त्तरि वा पू ३०५
'२ तुल्यार्थैरतुलोपमाभ्यां तृतीयान्यतरस्याम् पू ३०५
'३ चतुर्थी चाशिष्यायुष्यमद्रभद्रकुशलसुखार्थहितैः पू ३०६

चतुर्थे पादे ।

१ द्विगुरेकवचनम् पू ३५७ [पू ३२३
२ द्वन्द्वश्च प्राणितूर्यसेनाङ्गानाम्
३ अनुवादे चरणानाम् पू ४३४
४ अध्वर्युक्रतुरनपुंसकम् पू ४३४
५ अध्ययनतोऽविप्रकृष्टाख्यानाम् पू ४३५
६ जातिरप्राणिनाम् पू ४३५ [पू ४३६
७ विशिष्टलिङ्गो नदीदेशोऽग्रामाः
८ क्षुद्रजन्तवः पू ४३६ [पू ४३७
९ येषां च विरोधः शाश्वतिकः
१० शूद्राणामनिरवसितानाम् पू ४३७
'१ गवाश्वप्रभृतीनि च पू ४३७
'२ विभाषा वृक्षमृगतृणधान्यव्यञ्जन-

२

‘ ३ न पूय यजन्थ्यश्वडव पूर्वावरा- । ‘ ५ आर्धधातुके च १११ [च २६१
वरोत्तराणाम् पू ४२७ [पू ४२८ । ‘ ६ यदो जग्धिर्ल्यप्ति किति
‘ २ विप्रतिषिद्धं चानधिकरणवाचि । ‘ ७ लुङ्सनोर्घस्लृ च २१०
‘ ४ न दधिपयञादीनि पू ४२८ । ‘ ८ यजपोश्च च ४४२
‘ ५ अधिकरणैतावत्त्वे च पू ४४० । ‘ ९ वङ्कुलं छन्दसि च ४८२
‘ ६ विभाषा समीपे पू ४४० । ४० विष्वान्प्रतरस्याम् च १०९
‘ ७ स नपुंसकम् पू २६५ । ‘ १ बेजो वचिः च १०६
‘ ८ अव्ययीभावश्च पू १२१ [पू २६६ । ‘ २ हृगो वध लिङ्ङि च १११
‘ ९ तत्पुरुषो ञन्ञ कर्मधारयः । ‘ ३ लुङ्ङि च १९९ [२४५
२० संख्यायां कम्बोम्रीश्रेषु पू २८६ । ‘ ४ आत्मनेपदेष्वनतरस्याम् च
‘ १ उत्तरोपक्रमं तदाद्याचिष्खा- । ‘ ५ णो गा लुङ्ङि च ११८
यायाम् पू १८६ । ‘ ६ यौ गमिरबोधने च १८७
‘ २ श्राया बाङ्कल्ये पू २८७ । ‘ ७ सनि च २००
‘ ३ सभा राजामनुष्यपूर्वा पू २८७ । ‘ ८ ङङ्श्च च २००
‘ ४ अमात्ता च पू २८८ । ‘ ९ गाङ् लिटि च २१८
‘ ५ विभाषा सेनासुराञ्चायाञाला- । ५० विभाषा लुङ् लृङोः च ११८
निगानाम् पू २८८ [पू २८० । ‘ १ यौ च सञ्यङोः च १८०
‘ ६ परवल्लिङ्गं द्वन्दतत्पुरुषयोः । ‘ २ अस्तेर्भूः च १९२
‘ ७ पूर्ववदश्ववडवौ पू २८१ । ‘ ३ ब्रुवो वचिः च ११७
‘ ८ हेमन्तशिशिरावच्छोरात्रे च छ । ‘ ४ चक्षिङः ख्याञ् च ११२
न्दसि च ४८२ । ‘ ५ या किटि च १८२
‘ ९ राजान्तान्त्राः पुंषि पू २८९ । ‘ ६ अजेर्व्यघञपोः च ४८
२० अपूर्व नपुंसकम् पू २८२ । ‘ ७ वा यौ च ४५५
‘ १ अर्धर्चाः पुंषि च पू २८९ । ‘ ८ यच्चक्रियार्थजितो यूनि लुग-
‘ २ दन्दमोञ्वादेशेष्यद्दादसत्तो- । षिजोः पू ५४२
यादौ पू २५४ [पू ६८२ । ‘ ९ पेञादिभ्यश्च पू ४८२
‘ ३ एतदोस्तौष्ल्तद्योश्वतौ चाहरौ । ६० हृजः प्राचाम् पू २८२
‘ ४ द्वितीयाटौःस्वेनः पू २५४

' १ न तौल्वलिभ्यः पू ४८२
' २ तद्राजस्य बहुषु तेनैवास्त्रि-
याम् पू ५२०
' ३ यस्कादिभ्यो गोत्रे पू ५१०
' ४ यञञोश्च पू ५०२
' ५ अत्रिभृगुकुत्सवसिष्ठगोतमाङ्गि-
रोभ्यश्च पू ५११ [पू ५११
' ६ बह्वच इञः प्राच्यभरतेषु
' ७ न गोपवनादिभ्यः पू ५११
' ८ तिककितवादिभ्यो द्वन्द्वे पू५११
' ९ उपकादिभ्योऽन्यतरस्यामद्व-
न्द्वे पू ५१२
७० आगस्त्यकौण्डिन्ययोरगस्ति-
कुण्डिनच् पू ५१२ [२२०
' १ सुपो धातुप्रातिपदिकयोः पू
' २ अदिप्रभृतिभ्यः शपः उ१०९
' ३ बहुलं छन्दसि उ ४८२
' ४ यङोऽचि च उ २११
' ५ जुहोत्यादिभ्यः श्लुः उ १२८
' ६ बहुलं छन्दसि उ ४८२
' ७ गातिस्थाघुपाभूभ्यः सिचः
परस्मैपदेषु उ १९ [उ६५
' ८ विभाषा घ्राधेट्शाच्छासः
' ९ तनादिभ्यस्तथासोः उ १६१
८० मन्त्रे घसह्वरणशवृदहाद्वृच्कृ-
गमिजनिभ्यो लेः उ ४८२
' १ आमः उ २२

, २ अव्ययादाप्सुपः पू २०४
' ३ नाव्ययीभावादतोऽम् त्वप-
ञ्चम्याः पू २२२ [२२३
' ४ तृतीयासप्तम्योर्बहुलम् पू
' ५ लुटः प्रथमस्य डारौरसः उ१२

तृतीयाध्याये प्रथमपादे।

१ प्रत्ययः पू ८५
२ परश्च पू ८५
३ आद्युदात्तश्च उ ५५९
४ अनुदात्तौ सुप्पितौ उ ५५९
५ गुप्तिज्किद्भ्यः सन् उ १०१
६ मान्बधदान्शान्भ्यो दीर्घश्चाभ्य-
सस्य उ १०१
७ धातोः कर्मणः समानकर्तृकादि-
च्छायां वा उ १९८
८ सुप आत्मनः क्यच् उ २२०
९ काम्यच्च उ २२२
१० उपमानादाचारे उ २२२
' १ कर्तुः क्यङ् सलोपश्च उ २२३
' २ भृशादिभ्यो भुव्यच्वेर्लोपश्च
हलः उ २२६ [उ २२८
' ३ लोहितादिडाज्भ्यः क्यष्
' ४ कष्टाय क्रमणे उ २२९
' ५ कर्मणो रोमन्थतपोभ्यां वर्ति-
चरोः उ २२९
' ६ वाष्पोष्मभ्यामुद्वमने उ २३०

‘७ शब्दवैरकलहाभ्रकण्वमेघेभ्यः करणे उ २३० [२३०
‘८ सुखादिभ्यः कर्तृवेदनायाम्
‘९ नमोवरिवश्चित्रङः क्यच् उ २३०
२० पुच्छभाण्डचीवराण्णिङ् उ २३१
‘१ मुण्डमिश्रश्लक्ष्णलवणव्रतवस्त्रहलकलकृततूस्तेभ्यो णिच् उ २३१
‘२ धातोरेकाचो हलादेः क्रियासमभिहारे यङ् उ २०६
‘३ नित्यं कौटिल्ये गतौ उ २०७
‘४ लुपसदचरजपजभदहदशगॄभ्यो भावगर्हायाम् उ २०७
‘५ सत्यापपाशरूपवीणातूलश्लोकसेनालोमत्वचवर्मवर्णचूर्णचुरादिभ्यो णिच् उ १७०
‘६ हेतुमति च उ १८९
‘७ कण्ड्वादिभ्यो यक् उ २३७
‘८ गुपूधूपविच्छिपणिपनिभ्य आयः उ ५७
‘९ ऋतेरीयङ् उ १०९
३० कमेर्णिङ् उ ६० [उ ५७
‘१ आयादय आर्धधातुके वा
‘२ सनाद्यन्ता धातवः उ ५७
‘३ स्यतासी लृलुटोः उ १२
‘४ सिब्बहुलं लेटि उ ४८९
‘५ कास्प्रत्ययादाममन्त्रे लिटि उ ५७ [उ २३
‘६ इजादेश्च गुरुमतोऽनृच्छः
‘७ दयायासश्च उ ६५ [उ ७५
‘८ उषविदजागृभ्योऽन्यतरस्याम्
‘९ भीह्रीभृहुवां श्लुवच्च उ १२८
४० कृञ् चानुप्रयुज्यते लिटि उ २३ [उ १२१
‘१ विदाङ्कुर्वन्त्वित्यन्यतरस्याम्
‘२ अभ्युत्सादयांप्रजनयांचिकयांरमयामकः पावयांक्रियाद्विदामक्रन्निति छन्दसि उ ४८४
‘३ च्लि लुङि उ १९
‘४ च्लेः सिच् उ १९ [उ ७२
‘५ शल इगुपधादनिटः क्सः
‘६ श्लिष आलिङ्गने उ १३९
‘७ न दृशः उ १०४ [उ ६०
‘८ णिश्रिद्रुस्रुभ्यः कर्तरि चङ्
‘९ विभाषा धेट्श्व्योः उ ९५
५० गुपेश्छन्दसि उ ४८४
‘१ नोनयतिध्वनयत्येलयत्यर्दयतिभ्यः उ ४८४ [उ ११२
‘२ अस्यतिवक्तिख्यातिभ्योऽङ्
‘३ लिपिसिचिह्वश्च उ१०८ [१०८
‘४ आत्मनेपदेष्वन्यतरस्याम् उ
‘५ पुषादिद्युताद्यॢदितः परस्मैपदेषु उ ७६
‘६ सर्त्तिशास्त्यर्त्तिभ्यश्च उ ९७

‘७ इरितो वा उ २६
‘८ जृस्तम्भुम्रुचुम्लुचुग्रुचुग्लुचुग्लुञ्चु-
श्विभ्यश्च उ ४६ [४८५
‘९ कृमृदृरुहिभ्यश्छन्दसि उ
६० चिण् ते पदः उ १२७
‘१ दीपजनबुधपूरितायिप्यायि-
भ्यो ऽन्यतरस्याम् उ ६६
‘२ अचः कर्मकर्त्तरि उ २७६
‘३ दुहश्च उ २७३
‘४ न रुधः उ २७७
‘५ तपोऽनुतापे च उ २६९
‘६ चिण् भावकर्मणोः उ २६८
‘७ सार्वधातुके यक् उ २६६
‘८ कर्त्तरि शप् उ ७
‘९ दिवादिभ्यः श्यन् उ १२२
७० वाभ्राशभ्लाशभ्रमुक्रमुक्लमुत्रसित्रु-
टिलषः उ ६४
‘१ यसोऽनुपसर्गात् उ १४२
‘२ संयसश्च उ १४२
‘३ स्वादिभ्यः श्नुः उ १४५
‘४ श्रुवः शृ च उ ९८
‘५ अक्षोऽन्यतरस्याम् उ ७१
‘६ तनूकरणे तक्षः उ ७१
‘७ तुदादिभ्यः शः उ १४९
‘८ रुधादिभ्यः श्नम् उ १५८
‘९ तनादिकृञ्भ्य उः । उ १२१
८० धिन्विकृण्व्योर च । उ ७०

‘१ क्र्यादिभ्यः श्ना उ १६४
‘२ स्तम्भुस्तुम्भुस्कम्भुस्कुम्भुस्कुञ्-
भ्यः श्नुश्च उ १६४
‘३ हलः श्नः शानज्झौ उ १६५
‘४ छन्दसि शायजपि उ ४९१
‘५ व्यत्ययो बहुलम् उ ४९१
‘६ लिङ्याशिष्यङ् उ ४९२
‘७ कर्मवत् कर्मणा तुल्यक्रियः
उ २७४
‘८ तपस्तपः कर्मकस्यैव उ २७७
‘९ न दुहस्नुनमां यक्चिणौ
उ २७६
९० कुषिरजोः प्राचां श्यन् पर-
स्मैपदं च उ २७८
‘१ धातोः । उ २९७ [२७७
‘२ तत्रोपपदं सप्तमीस्थम् पू
‘३ कृदतिङ् पू १६४
‘४ वाऽसरूपोऽस्त्रियाम् उ २९७
‘५ कृत्याः उ २९७
‘६ तव्यत्तव्यानीयरः उ १९८
‘७ अचो यत् उ २००
‘८ पोरदुपधात् उ २०१
‘९ शकिसहोश्च उ २०२
१०० गदमदचरयमश्चानुपसर्गे उ २०२
‘०१ अवद्यपण्यवर्या गर्ह्यपणित-
व्यानिरोधेषु उ २०२
‘०२ वह्यं करणम् उ २०१

‘ ०३ अर्यः स्वामिवैश्ययोः २०२
‘ ०४ उपसर्या काल्या प्रजने । उ २०३
‘ ०५ अजर्यं संगतम् उ २०३
‘ ०६ वदः सुपि क्यप् च उ २०४
‘ ०७ भुवो भावे उ २०४
‘ ०८ हनस्त च उ २०४[उ २०५
‘ ०९ एतिस्तुशास्वृदृजुषः क्यप्
‘ १० ऋदुपधाच्चाक्लृपिचृतेः उ२०५
‘ ११ ई च खनः उ २०६
‘ १२ भृञोऽसंज्ञायाम् उ २०६
‘ १३ मृजेर्विभाषा उ २०६
‘ १४ राजसूयसूर्यमृषोद्यरुच्यकुप्यकृष्टपच्याव्यथ्याः उ २०७
‘ १५ भिद्योद्ध्यौ नदे उ २०८
‘ १६ पुष्यसिद्ध्यौ नक्षत्रे उ२०८
‘ १७ विपूयविनीयजित्या मुञ्जकल्कहलिषु उ २०८
‘ १८ प्रत्यपिभ्यां ग्रहेः उ २०८
‘ १९ पदास्वैरिबाह्यापक्ष्येषु च उ २०९
‘ २० विभाषा कृवृषोः उ २०९
‘ २१ युग्यं च पत्रे उ २०९
‘ २२ अमावस्यदन्यतरस्याम् उ २१०
‘ २३ छन्दसि निष्टर्क्यदेवहूयप्रणीयोन्नीयोच्छिष्यमर्यस्तर्याध्वर्यखन्यखान्यदेवयज्यापृच्छ्यप्रतिषीव्यब्रह्मवाद्यभाव्यस्ताव्योपचाय्यपृडानि उ ४८५
‘ २४ ऋहलोर्ण्यत् उ २०९
‘ २५ ओरावश्यके उ २१२
‘ २६ आसुयुवपिरपिलपित्रपिचमश्च उ २१२
‘ २७ आनाय्योऽनित्ये उ २१२
‘ २८ प्रणाय्योऽसंमतौ उ २१२
‘ २९ पाय्यसान्नाय्यनिकाय्यधाय्या मानहविर्निवाससामिधेनीषु उ २१३
‘ ३० क्रतौ कुण्डपाय्यसंचाय्यौ उ २१४
‘ ३१ अग्नौ परिचाय्योपचाय्यसमूह्याः उ२१४
‘ ३२ चित्याग्निचित्ये च उ २१४
‘ ३३ ण्वुल्तृचौ उ २१६
‘ ३४ नन्दिग्रहिपचादिभ्यो ल्युणिन्यचः उ २१७
‘ ३५ इगुपधज्ञाप्रीकिरः कः उ२१९
‘ ३६ आतश्चोपसर्गे । उ २१९
‘ ३७ पाघ्राध्माधेट्दृशः शः । उ २१९
‘ ३८ अनुपसर्गाल्लिम्पविन्दधारिपारिवेद्युदेजिचेतिसातिसाहिभ्यश्च । उ २१९

‘ ३९ ददातिदधात्योर्विभाषा उ १२०

‘ ४० ज्वलितिकसन्तेभ्यो णः उ १२०

‘ ४१ श्याद्व्यधास्रुसंस्र्वतीणवसावहृलिहश्लिषश्वसश्च उ १२०

‘ ४२ दुन्योरनुपसर्गे उ १२१

‘ ४३ विभाषा ग्रहः १२१

‘ ४४ गेहे कः १२१

‘ ४५ शिल्पिनि ष्वुन् उ १२२

‘ ४६ गस्थकन् उ १२२

‘ ४७ ण्युट् च उ १२२

‘ ४८ हश्च व्रीहिकालयोः उ १२२

‘ ४९ प्रुसृल्वः समभिहारे वुन् उ १२२

‘ ५० आशिषि च उ १२२

—००—

द्वितीये पादे ।

१ कर्मण्यण् उ १२३

२ ह्वावामश्च उ १२३

३ आतोऽनुपसर्गे कः उ १२४

४ सुपि स्थः उ १२४ [उ१२५

५ तुन्दशोकयोः परिमृजापनुदोः

६ प्रे दाज्ञः उ १२५

७ समि ख्यः उ १२५

८ गापोष्टक् उ १२५

९ हरतेरनुद्यमनेऽच् उ १२६

१० वयसि च उ १२६

११ आङि ताच्छील्ये उ १२६

‘ २ अर्हः उ १२६

‘ ३ स्तम्बकर्णयो रमिजपोः । उ १२६

‘ ४ शमि धातोः संज्ञायाम् उ१२७

‘ ५ अधिकरणे शेतेः । उ १२७

‘ ६ चरेष्टः उ १२७

‘ ७ भिक्षासेनादायेषु च उ १२७

‘ ८ पुरोऽग्रतोऽग्रेषु सर्तेः उ१२८

‘ ९ पूर्वे कर्तरि उ१२८ [उ१२८

२० कृञो हेतुताच्छील्यानुलोम्येषु

‘ १ दिवाविभानिशाप्रभाभास्कारान्तानन्तादिबहुनान्दीकिंलिपिलिबिबलिभक्तिकर्तृचित्रक्षेत्रसंख्याजङ्घाबाह्वहर्यत्तद्धनुररुष्षु उ १२८

२२ कर्मणि भृतौ उ १२९

‘ ३ न शब्दश्लोककलहगाथावैरचाटुसूत्रमन्त्रपदेषु उ १२९

‘ ४ स्तम्बशकृतोरिन् उ १२९

‘ ५ हरतेर्दृतिनाथयोः पशौ उ १२९

‘ ६ फलेग्रहिरात्मम्भरिश्च उ १३०

‘ ७ छन्दसि वनसनरक्षिमथाम् । उ ४८६

‘ ८ एजेः खश् उ १३०

‘ ९ नासिकास्तनयोर्ध्माधेटोः उ१३०

३० नाडीमुष्ट्योश्च उ १३१

' १ उदि कूले रुजिवहोः उ ३३१
' २ वहाभ्रे लिहः उ ३३१
३३ परिमाणे पचः उ ३३१
' ४ मितनखे च उ ३३२
' ५ विध्वरुषोस्तुदः उ ३३२
' ६ असूर्य्यललाटयोर्दृशितपोः उ ३३२
' ७ उग्रम्पश्येरम्मदपाणिन्धमाश्च उ ३३२
' ८ प्रियवशे वदः खच् उ ३३२
' ९ द्विषत्परयोस्तापेः उ ३३३
४० वाचि यमो व्रते उ ३३३
' १ पूःसर्वयोर्दारिसहोः उ ३३३
' २ सर्व्वकूलाभ्रकरीषेषु कषः उ ३३४
' ३ मेघर्त्तिभयेषु कृञः उ ३३४
४४ क्षेमप्रियमद्रेऽण् च उ ३३४
' ५ आशिते भुवः करणभावयोः उ ३३४
' ६ संज्ञायाम्भृतॄवृजिधारिसहितपिदमः उ ३३४
' ७ गमश्च उ ३३५
' ८ अन्तात्यन्ताध्वदूरपारसर्व्वानन्तेषु उ ३३५
' ९ आशिषि हनः उ ३३५
५० अपे क्लेशतमसोः उ ३३६
' १ कुमारशीर्षयोर्णिनिः उ ३३६
' २ लक्षणे जायापत्योष्टक् उ ३३६
' ३ अमनुष्यकर्तृके च उ ३३६
' ४ शक्तौ हस्तिकपाटयोः उ ३३६
५५ पाणिघताडघौ शिल्पिनि उ ३३७
' ६ आढ्यसुभगस्थूलपलितनग्नान्धप्रियेषु च्व्यर्थेष्वच्वौ कृञः करणे ख्युन्। उ ३३७
' ७ कर्त्तरि भुवः खिष्णुच्खुकञौ उ ३३७
' ८ स्पृशोऽनुदके क्विन् पृ १८५
' ९ ऋत्विग्दधृक्स्रग्दिगुष्णिगञ्चुयुजिक्रुञ्चां च पृ १९४ [पृ १८४
६० त्यदादिषु दृशोऽनालोचने कञ्च
' १ सत्सूद्विषद्रुहदुहयुजविदभिदच्छिदजिनीराजामुपसर्गेऽपि क्विप् उ ३३८
' २ भजो ण्विः उ ३३८
' ३ छन्दसि सहः उ ४८६
' ४ वहश्च उ ४८६ [४८६
' ५ कव्यपुरीषपुरीष्येषु ञ्युट् उ
६६ हव्येऽनन्तःपादम् उ ४८६
' ७ जनसनखनक्रमगमो विट् उ ४८७
' ८ अदोऽनन्ने उ ३३८
' ९ क्रव्ये च उ ३३९
७० दुहः कब्घश्च उ ३३९
' १ मन्त्रे श्वेतवहोक्थशस्पुरोडाशो

तृतीयाध्याये द्वितीय पादे। २१

णुविन् ७ ४८७	'७ सप्तम्यां जनेर्डः ७ ३४५
'२ अवे वजः ७ ४८७	'८ पञ्चम्यामजातौ ७ ३४५
'३ बिज्ञुमे अन्तर्धि ७४८७[४८८	९९ उपसर्गे च संज्ञायाम् ७३४५
'४ क्वातो मनिन्क्वनिब्वनिपश्च ७	१०० अमो कर्मणि ७ ३४५
'५ अन्येभ्योऽपि दृश्यन्ते ७३१८	'०१ अन्येष्वपि दृश्यते ७ ३४६
'६ क्विप् च ७ ३१८	'०२ निष्ठा ७ ३४६
७७ ह्मः क च ७४० [७३४१]	'०३ सुयजोर्ङ्वनिप् ७ ३६१
'८ छन्दसि यज्ञनिस्ताख्येभ्यं	'०४ जीर्षस्तेरट्न् ७ ३६४
'९ कर्तर्युपमाने ७ ३४१	'०५ छन्दसि लिट् ७ ४८८
८० व्रते ७ ३४१	'०६ क्विटः कानज्वा ७ ३६४
'१ बहुलमाभीक्ष्ण्ये ७ ३४२	'०७ क्वसुश्च ७ ३६४
'२ मनः ७ ३४२	'०८ भाषायां सदवसश्रुवः ७३६४
'३ आत्ममाने खश् च ७ ३४२	'०९ उपेयिवानन्वाशानुश्वानश्च
'४ भूते ७ ३४२	७ ३६५
'५ कर्मणि यजः ७ ३४२	११० लुट् उ १८
'६ कर्मणि हनः ७ ३४३	१११ अनद्यतने लुट् उ १५
'७ ब्रह्मभ्रूणवृत्रेषु क्विप् ७३४३	'१२ अभिज्ञावचने लृट् उ २८०
'८ बहुलं छन्दसि ७४८८	५'३ न यदि उ २८०
'९ सुकर्मपापमन्त्रपुण्येषु कृञः	'१४ विभाषा साकाङ्क्षे ७२८०
७३४४	५'५ परोक्षे लिट् उ ८
६० सोमे सुञः ७३४४	५'६ हशश्वतोर्लङ् च उ २८०
'१ अग्नौ चेः ७ ३४४	५'७ प्रश्ने चासन्नकाले उ २८१
,२ कर्मण्यग्न्याख्यायाम् ७३४४	५"८ अट्ये उ २८२
'३ कर्मणीनिर्विक्रियः ७ ३४४	११९ अपरोक्षे च उ २८२
'४ दृशेः क्वनिप् ७ ३४५	'२० ननौ पृष्टप्रतिवचने उ २८२
'५ राजनि युधिकृञः ७ ३४५	'२१ ननोर्विभाषा उ २८९
'६ सहे च ७ ३४५	'२२ पुरि लुङ् चास्मे उ २८२

‘ २३ वर्त्तमाने लट् उ २

‘ २४ लटः शतृशानचावप्रथमासमा-
नाधिकरणे उ २६५

‘ २५ सम्बोधने च उ २६६

‘ २६ लक्षणहेत्वोः क्रियायाः उ२६६

‘ २७ तौ सत् उ २६७

‘ २८ पूङ्यजोः शानन् उ २६७

‘ २९ ताच्छील्यवयोवचनशक्तिषु चा
नश् उ २६७ [उ २६८

‘ ३० इङ्धार्य्योः शत्रकृच्छ्रिणि

‘ ३१ द्विषोऽमित्रे उ २६८

१३२ सुञो यज्ञसंयोगे उ २६८

१२२ अर्हः प्रशंसायाम् उ २६८

१२४ आ क्वेस्तच्छीलतद्धर्मतत्साधुका
रिषु उ २६८

१३५ तृन् उ २६९

‘ ३६ अलङ्कृञ्निराकृञ्प्रजनो-
त्पचोत्पतोन्मदरुच्यपत्रपवृतुवृ-
धुसहचर इष्णुच् उ २६९

‘ ३७ णेश्छन्दसि उ २६९

‘ ३८ भुवश्च उ २६९

‘ ३९ ग्लाजिस्थश्च ग्स्नुः उ २६९

१४० त्रसिगृधिधृषिक्षिपेः क्नुः उ २६९

‘ ४१ शमित्यष्टाभ्यो घिनुण् उ २७०

‘ ४२ संपृचानुरुधाङ्यमाङ्यसपरि-
सृसंसृजपरिदेविसंज्वरपरि-
क्षिपपरिरटपरिवदपरिदहपरि-
मुहदुषद्विषद्रुहदुहयुजाक्रीड-
विविचत्यजरजभजातिचराप-
चरामुषाभ्याहनश्च उ २७०

‘ ४३ वौ कषलसकत्थस्रम्भः उ २७१

‘ ४४ अपे च लषः उ २७१

‘ ४५ प्रे लपसृद्रुमथवदवसः
उ २७१

‘ ४६ निन्दहिंसक्लिशखादविनाशप-
रिक्षिपपरिरटपरिवादिव्याभा-
षासूयो वुञ् उ २७१

‘ ४७ देविक्रुशोश्चोपसर्गे उ २७१

‘ ४८ चलनशब्दार्थादकर्मकाद्युच् ।
उ २७१

‘ ४९ अनुदात्तेतश्च हलादेः
उ २७१

१५० जुचङ्क्रम्यदन्द्रम्यसृगृधि-
ज्वलशुचलषपतपदः उ २७२

‘ ५१ क्रुधमण्डार्थेभ्यश्च उ २७२

‘ ५२ न यः उ २७२

‘ ५३ सूददीपदीक्षश्च उ २७२

‘ ५४ लषपतपदस्थाभूवृषहनकमग-
मशृभ्य उकञ् उ २७२

‘ ५५ जल्पभिक्षकुट्टलुण्टवृङः षा-
कन् उ २७२

‘ ५६ प्रजोरिनिः उ २७२

‘ ५७ जिदृक्षिविश्रीण्वमाव्यथाभ्य-
मपरिभूप्रसूभ्यश्च उ २७२

‘ ५८ स्पृहिगृहिपतिदयिनिद्रातन्द्राश्रद्धाभ्य आलुच् उ ३७३
‘ ५९ दाधेट्सिशदसदो रुः उ ३७४
‘ ६० सृघस्यदः क्मरच् उ ३७४
‘ ६१ भञ्जभासमिदो घुरच् उ ३७४
‘ ६२ विदिभिदिच्छिदेः कुरच् उ ३७४ [उ ३७४
‘ ६३ इण्नशजिसर्तिभ्यः क्वरप्।
‘ ६४ गत्वरश्च उ ३७४
‘ ५५ जागरूकः उ ३७४
‘ ६६ यजजपदशां यङः उ ३७४
‘ ५.७ नमिकम्पिस्म्यजसकमहिंसदीपो रः उ ३७५
‘ ६८ सनाशंसभिक्ष उः ३७५
‘ ६९ विन्दुरिच्छुः उ ३७५
१७० क्याच्छन्दसि उ ४८८
‘ ७१ आदृगमहनजनः किकिनौ लिट् च उ ३७५
‘ ७२ स्वपितृषोर्नजिङ् उ ३७६
‘ ७३ शॄवन्द्योरारुः उ ३७६
‘ ७४ भियः क्रुक्लुकनौ उ ३७६
‘ ७५ स्थेशभासपिसकसो वरच् उ ३७६
‘ ७६ यश्च यङः उ ३७७
‘ ७७ भ्राजभासधुर्विद्युतोर्जिपॄजुग्रावस्तुवः क्विप् उ ३७७
‘ ७८ अन्येभ्योऽपि दृश्यते उ ३७७
‘ ७९ भुवः संज्ञान्तरयोः उ ३७८
‘ ८० विप्रसंभ्यो ड्वसंज्ञायाम् उ ३७८
‘ ८१ धः कर्मणि ष्ट्रन् उ ३७८
‘ ८२ दाम्नीशसयुयुजस्तुतुदसिसिचमिहपतदशनहः करणे उ ३७८
‘ ८३ हलसूकरयोः पुवः उ ३७९
‘ ८४ अर्तिलूधूसूखनसहचर इत्रः उ ३७९
‘ ८५ पुवः संज्ञायाम् उ ३७९
‘ ८६ कर्त्तरि चर्षिदेवतयोः उ ३७९
‘ ८७ ञीतः क्तः ३६२
‘ ८८ गतिबुद्धिपूजार्थेभ्यश्च उ ३६२

तृतीये पादे।

१ उणादयो बहुलम् उ ४२१
२ भूतेऽपि दृश्यन्ते उ ४२१
३ भविष्यति गम्यादयः उ ४३१
४ यावत्पुरानिपातयोर्लट् उ २८३
५ विभाषा कदाकर्ह्योः उ २८३
‘ किंवृत्ते लिप्सायाम् उ २८३
७ लिप्स्यमानसिद्धौ च २८३
८ लोडर्थलक्षणे च उ २८३
९ लिङ् चोर्ध्वमौहूर्त्तिके उ २८४
१० तुमुन्ण्वुलौ क्रियायां क्रियार्थायाम् उ ४१२
‘ १ भाववचनाश्च उ ४१२

‘ २ अस् कर्मणि च उ ४११
‘ ३ लृट् शेषे च उ ११
‘ ४ लृटः सद्वा उ २६७
‘ ५ अनद्यतने लुट् उ १२
‘ ६ पदरुजविशस्पृशो घञ् उ ४३३
‘ ७ सृ स्थिरे उ ४३४
‘ ८ भावे । उ ४३४ [उ ४३५
‘ ९ अकर्तरि च कारके संज्ञायाम्
२० परिमाणाख्यायां सर्वेभ्यः उ ४३५
‘ १ इङश्च उ ४३५
‘ २ उपसर्गे रुवः उ ४३६
‘ ३ समि युद्रुदुवः उ ४३६
‘ ४ श्रिणीभुवो ऽनुपसर्गे उ ४३६
‘ ५ वौ क्षुश्रुवः उ ४३६
‘ ६ अवोदोर्नियः उ ४३६
‘ ७ प्रे द्रुस्तुस्रुवः उ ४३७
‘ ८ निरभ्योः पूल्वोः उ ४३७
‘ ९ उन्न्योर्ग्रः उ ४३७
३० कॄ धान्ये उ ४३७
‘ १ यज्ञे समि स्तुवः उ ४३७
‘ २ प्रे स्त्रोऽयज्ञे उ ४३७
‘ ३ प्रथने वावशब्दे उ ४३७
‘ ४ छन्दोनाम्नि च उ ४३८
‘ ५ उदि ग्रहः उ ४३८
‘ ६ समि मुष्टौ उ ४३८ [४३८
‘ ७ परिन्योर्नीणोर्द्यूताभ्रेषयोः उ
‘ ८ परावनुपात्यय इणः उ ४३८
‘ ९ व्युपयोः शेतेः पर्याये उ ४३९
४० हस्तादाने चेरस्तेये उ ४३९
‘ १ निवासचितिशरीरोपसमाधाने-ष्वादेश्च कः उ ४३९
‘ २ सङ्घे चानौत्तराधर्ये उ ४३९
‘ ३ कर्मव्यतिहारे णच् स्त्रियाम् उ ४४०
‘ ४ अभिविधौ भाव इनुण् उ ४४०
‘ ५ आक्रोशे ऽवन्योर्ग्रहः उ ४४०
‘ ६ प्रे लिप्सायाम् उ ४४०
‘ ७ परौ यज्ञे उ ४४०
‘ ८ नौ वृ धान्ये उ ४४१
‘ ९ उदि श्रयतियौतिपूद्रुवः उ ४४१
५० विभाषाङि रुप्लुवोः उ ४४१
‘ १ अवे ग्रहो वर्षप्रतिबन्धे उ ४४१
‘ २ प्रे वणिजाम् उ ४४१
‘ ३ रश्मौ च उ ४४१
‘ ४ वृणोतेराच्छादने उ ४४१
‘ ५ परौ भुवो ऽवज्ञाने उ ४४२
‘ ६ एरच् उ ४४२
‘ ७ ऋदोरप् उ ४४२
‘ ८ ग्रहवृदृनिश्चिगमश्च उ ४४२
‘ ९ उपसर्गे ऽदः उ ४४२
६० नौ ण च उ ४४३
‘ १ व्यधजपोरनुपसर्गे उ ४४३
‘ २ स्वनहसोर्वा उ ४४३
‘ ३ यमः समुपनिविषु च उ ४४३

तृतीयाध्याये तृतीय पादे। २५

६४ नौ गदनदपठस्वनः उ ४४२
‘५ क्वणो वीणायां च उ ४४४
६६ नित्यं पणः परिमाणे उ ४४४
‘७ मदोऽनुपसर्गे उ ४४४
‘८ प्रमदसंमदौ हर्षे उ ४४४
‘९ समुदोरजः पशुषु उ ४४४
७० अक्षेषु ग्लहः उ ४४४
‘१ प्रजने सर्तेः उ ४४५ [उ ४४५
‘२ ह्वः संप्रसारणं च न्यभ्युपविषु
‘३ आङि युद्धे उ ४४५
‘४ निपानमाहावः उ ४४५
‘५ भावेऽनुपसर्गस्य उ ४४५
‘६ हनश्च वधः उ ४४५
७७ मूर्तौ घनः उ ४४५
‘८ अन्तर्घनो देशे उ ४४६
७९ अगारैकदेशे प्रघणः प्रघाणश्च
उ ४४६
८० उद्घनोऽत्याधानम् उ ४४६
‘१ अपघनोऽङ्गम् उ ४४६
‘२ करणेऽयोविद्रुषु उ ४४६
‘३ स्तम्बे क च। उ ४४६
‘४ परौ घः उ ४४७
‘५ उपघ्न आश्रये उ ४४७
‘६ संघोद्घौ गणप्रशंसयोः उ ४४७
‘७ निघो निमितम् उ ४४७
८८ ड्वितः क्त्रिः उ ४४७
८९ ट्वितोऽथुच् उ ४४८

९० यजयाचयतविच्छप्रच्छरक्षो नङ्
उ ४४८
‘१ स्वपो नन् उ ४४८
‘२ उपसर्गे घोः किः उ ४४८
‘३ कर्मण्यधिकरणे च उ ४४८
‘४ स्त्रियां क्तिन् उ ४४८
‘५ स्थागापापचो भावे उ ४४९
‘६ मन्त्रे वृषेषपचमनविदभूवीरा
उदात्तः उ ४४९ [उ ४५०
‘७ ऊतियूतिजूतिसातिहेतिकीर्त-
‘८ व्रजयजोर्भावे क्यप् उ ४५०
९९ संज्ञायां समजनिषदनिपतमन-
विदषुञ्शीङ्भृञिणः उ ४५०
१०० कृञः श च उ ४५०
‘१ इच्छा उ ४५१
‘०२ अ प्रत्ययात् उ ४५१
‘०३ गुरोश्च हलः उ ४५१
‘०४ षिद्भिदादिभ्योऽङ् उ ४५१
‘०५ चिन्तिपूजिकथिकुम्बिचर्चश्च
उ ४५१
‘०६ आतश्चोपसर्गे उ ४५२
‘०७ ण्यासश्रन्थो युच् उ ४५२
‘०८ रोगाख्यायां ण्वुल् बहुलम्
उ ४५२
‘०९ संज्ञायाम् उ ४५३
११० विभाषाख्यानपरिप्रश्नयोरिञ्
च उ ४५३ [उ ४५४

१११ पर्यायार्हर्णोत्पत्तिषु ण्वुच्
‘ १२ आक्रोशे नञ्यनिः उ ४५४
‘ १३ कृत्यल्युटो बहुलम् उ ४५४
‘ १४ नपुंसके भावे क्तः उ ४५४
‘ १५ ल्युट् च उ ४५४
‘ १६ कर्मणि च येन संस्पर्शात् कर्तुः शरीरसुखम् उ ४५५
‘ १७ करणाधिकरणयोश्च उ ४५५
‘ १८ पुंसि संज्ञायां घः प्रायेण उ ४५६
‘ १९ गोचरसंचरवहव्रजव्यजापणनिगमाश्च उ ४५६
‘ २० अवे तॄस्त्रोर्घञ् उ ४५६
‘ २१ हलश्च उ ४५६ [उ ४५७
‘ २२ अध्यायन्यायोद्यावसंहाराश्च
‘ २३ उदङ्कोऽनुदके ४५७
‘ २४ जालमानायः उ ४५७
‘ २५ खनो घ च ४५७
‘ २६ ईषद्दुःसुषु कृच्छ्राकृच्छ्रार्थेषु खल् उ ४५७
‘ २७ कर्तृकर्मणोश्च भूकृञोः उ ४५८
‘ २८ आतो युच् उ ४५९
‘ २९ * छन्दसि गत्यर्थेभ्यः [उ २८४
‘ ३० + अन्येभ्योऽपि दृश्यते

* + एतेसूत्रे प्रमादात् पतिते (उ ४८९ ९०) अत्रोपयुक्ते द्रष्टव्ये ॥

‘ ३१ वर्तमानसामीप्ये वर्तमानवद्वा
‘ ३२ आशंसायां भूतवच्च उ २८५
‘ ३३ क्षिप्रवचने लृट् उ २८५
‘ ३४ आशंसावचने लिङ् उ २८५
‘ ३५ नानद्यतनवत् क्रियाप्रबन्धसामीप्ययोः उ २८६
, ३६ भविष्यति मर्यादावचनेऽवरस्मिन् उ २८६ [उ २८६
‘ ३७ कालविभागे चाहोरात्राणाम्
‘ ३८ परस्मिन् विभाषा उ २८७
‘ ३९ लिङ्निमित्ते लृङ् क्रियातिपत्तौ उ २०
‘ ४० भूते च उ २८७
‘ ४१ वोताप्योः उ २८७
‘ ४२ गर्हायां लडपिजात्वोः उ २८७
‘ ४३ विभाषा कथमि लिङ् च उ २८८
‘ ४४ किंवृत्ते लिङ्लृटौ। उ २८८
‘ ४५ अनवक्लृप्त्यमर्षयोरकिंवृत्तेऽपि उ २८८
‘ ४६ किंकिलास्त्यर्थेषु लृट् उ २८९
‘ ४७ जातुयदोर्लिङ् उ २८९
‘ ४८ यच्चयत्रयोः उ २८९
‘ ४९ गर्हायां च उ २८९

तृतीयाध्याये चतुर्थ पादे । २७

५० चित्रीकरणे च २८९
५१ शेषे लृडयदौ उ २९०
५२ उताप्योः समर्थयोर्लिङ् उ २९०
५३ कामप्रवेदनेऽकच्चिति उ२९०
५४ सम्भावनेऽलमिति चेत् सिद्धाप्रयोगे उ २९०
५५ विभाषा धातौ सम्भावनवचनेऽयदि उ २९१
५६ हेतुहेतुमतोर्लिङ् उ२९१
५७ इच्छार्थेषु लिङ्लोटौ उ२९१
५८ समानकर्तृकेषु तुमुन् उ४१२
५९ लिङ् च २९२
६० इच्छार्थेभ्यो विभाषा वर्त्तमाने उ २९२
६१ विधिनिमन्त्रणामन्त्रणाधीष्टसंप्रश्नप्रार्थनेषु लिङ् उ २६
६२ लोट् च उ १२
६३ प्रैषातिसर्गप्राप्तकालेषु कृत्याश्च उ२९२
६४ लिङ् चोर्ध्वमौहूर्तिके उ २९२
६५ स्मे लोट् उ २९३
६६ अधीष्टे च उ २९३
६७ कालसमयवेलासु तुमुन् उ ४३२
६८ लिङ् यदि उ २९३
६९ अर्हे कृत्यतृचश्च उ २९३
१७० आवश्यकाधमर्ण्ययोर्णिनिः उ ४५९
७१ कृत्याश्च उ ४५९
७२ शकि लिङ् च उ २९३
७३ आशिषि लिङ्लोटौ उ १२
७४ क्तिच्क्तौ च संज्ञायाम् उ ४५९
७५ माङि लुङ् उ १९
७६ स्मोत्तरे लङ् च उ १९

चतुर्थ पादे ।

१ धातुसम्बन्धे प्रत्ययाः उ २९३
२ क्रियासमभिहारे लोट् लोटो हिस्वौ वा च तध्वमोः उ२९४
३ समुच्चयेऽन्यतरस्याम् उ २९४
४ यथाविध्यनुप्रयोगः पूर्वस्मिन् । उ २९५
५ समुच्चये सामान्यवचनस्य उ२९५
६ छन्दसि लुङ्लङ्लिटः उ ४८९
७ लिङर्थे लेट् उ४८९
८ उपसंवादाशङ्कयोश्च उ ४९०
९ तुमर्थे सेसेनसेअसेन्क्सेकसेनध्यैअध्यैन्कध्यैकध्यैन्शध्यैशध्यैन्तवैतवेङ्तवेनः उ ४९१

१० सर्वे रौक्विष्व बळविद्यष्वे ङ ४६४
११ हमे विश्वे च ङ ४६४
१२ यदि पञ्चद् कथमो ङ ४६४
१३ नित्यरे लोलुपकधुमो ङ ४६४
१४ कतग्राचे तर्वेनैमृबेग्यच्छ: ङ ४६५
१५ आवश्यचे च ङ ४६५
१६ भाववचये स्येमृक्जद्रदि-परिष्ठितनिजविश्वरोषव् ङ ४६५
१७ दृपिहृदौ: क्वहन् ङ ४६५
१८ अवश्व वस्वो: प्रतिषेधो: पाचांक्षा ङ ४६०
१९ उद्रीषां ब्रह्मणे ब्रतीक्षारे ङ ४६०
२० पराधरवोमे च ङ ४६१
२१ स्वामगर्वे कयो: पूर्वबाशे ङ ४६१
२२ आश्रीगकर्य बस्तव् च ङ ४६६
२३ न यद्यनाकाङ्क्षे ङ ४६७
२४ विभाषाप्रे चस्तमपूर्वेणु ङ ४६७
२५ कर्येब्राक्रोषे ब्रज: यच्छन् ङ ४६८
२६ सांडनि यस्तव् ङ ४६८
२७ अन्यच बंधबमिधंषु षिव्राप्र-योमर्चे व ङ ४६८
२८ यथातव्यकीरक्तवाप्रतिषेधनेङ

२९ कर्ण्षि डञ्चिविदो: याकव्र्वे ङ ४६६
३० बावति विन्दुजीवो: ङ ४६६
३१ चर्मोदरयो: पूरे: ङ ४६६
३२ वर्धप्रमाथे जवोमषचाखाम्वात-स्यामृ ङ ४६६
३३ वेद्दे क्षोमे: ङ ४७०
३४ निमृतस्वमूलयो: वय: ङ ४७०
३५ ग्राह्मकपूर्षेष्हछुषेषु पिष: ङ ४७०
३६ अनृवाक्तजीबेषु एनहज् यण: ङ ४७०
३७ करये कृत: ङ ४७२
३८ द्वे कृने पिष: ङ ४७६
३९ कृखे वर्तिग्रहो: ङ ४७६
४० खे पुष: ङ ४७२
४१ आधिकरये बन्त: ङ ४७६
४२ संघाब्रामु ङ ४७२ [४७२
४३ कर्ते शीविडइरवव्वोर्गखिवडो:ङ
४४ ऊर्धं शुभिपूरो: ङ ४७२
४५ उपमाने कर्मणि च ङ ४७२
४६ क्रमादिषु यथाविध्वनुप्रयोग: ङ ४७२
४७ उचदंयसृतीवाबाम्रुङ ४७२
४८ शिंघार्षोर्गा च समानकर्मका-वाम् ४७२
४९ सप्तम्यां चोपपीडरूधकर्ष: ङ ४७२

तृतीयाध्याये चतुर्थः पादे । २९

५० समासत्तौ उ ४७४
‘ १ प्रमाणे च उ ४७४
‘ २ अपादाने परीप्सायाम्
‘ ३ द्वितीयायां च उ ४७४
‘ ४ स्वाङ्गेऽध्रुवे उ ४७५
‘ ५ परिक्लिश्यमाने च उ ४७५
‘ ६ विशिपतिपदिस्कन्दां व्याप्यमा-
नासेव्यमानयोः उ ४७५
‘ ७ अस्यतितृषोः क्रियान्तरे कालेषु
उ ४७६
‘ ८ नाम्न्यादिशिग्रहोः उ ४७६
५९ अव्ययेऽयथाभिप्रेताख्याने
कृञः क्त्वाणमुलौ उ ४७६
६० तिर्यच्यपवर्गे उ ४७६
‘ १ स्वाङ्गे तस्प्रत्यये कृभ्वोः उ ४७७
‘ २ नाधार्थप्रत्यये च्व्यर्थे उ ४७७
‘ ३ तूष्णीमि भुवः उ ४७७
‘ ४ अन्वच्यानुलोम्ये उ ४७७
‘ ५ शकधृषज्ञाग्लाघटरभलभक्रमस-
हार्हास्त्यर्थेषु तुमुन् उ ४१२
६६ पर्याप्तिवचनेष्वलमर्थेषु उ ४१२
‘ ७ कर्तरि कृत् उ २९८
‘ ८ भव्यगेयप्रवचनीयोपस्थानीयज-
न्याप्लाव्यापात्या वा उ ३१५
६९ लः कर्मणि च भावे चाकर्मके-
भ्यः उ २
७० तयोरेव कृत्यक्तखलर्थाः उ
२९८
‘ १ आदिकर्मणि क्तः कर्तरि च
उ ३५४
‘ २ गत्यर्थाकर्मकश्लिषशीङ्स्थासव-
सजनरुहजीर्यतिभ्यश्च उ ३६२
‘ ३ दाशगोघ्नौ संप्रदाने उ ४११
‘ ४ भीमादयोऽपादाने उ ४१२
‘ ५ ताभ्यामन्यत्रोणादयः उ ४१२
‘ ६ क्तोऽधिकरणे च ध्रौव्यगतिप्र-
त्यवसानार्थेभ्यः उ ३६२
७७ लस्य उ २
‘ ८ तिप् तस् झि सिप् थस् थ
मिब्वस् मस् तातां झ थासाथां ध्व-
मिड्वहि महिङ् उ २
७९ टित आत्मनेपदानां टेरे उ २२
८० थासः से उ २२
‘ १ लिटस्तझयोरेशिरेच् उ २४
‘ २ परस्मैपदानां णलतुसुस्थलथुसण-
ल्वमाः उ ९
‘ ३ विदो लटो वा उ १२१
‘ ४ ब्रुवः पञ्चानामादित आहो
ब्रुवः उ ११६
‘ ५ लोटो लङ्वत् उ १४
‘ ६ एरुः उ १४
‘ ७ सेर्ह्यपिच्च उ १५
‘ ८ वा छन्दसि उ ५१५
‘ ९ मेर्निः उ १५

९० आमेतः उ २७
‘ १ सवाभ्यां वामौ उ २७
‘ २ आडुत्तमस्य पिच्च उ १५
‘ ३ एत ऐ उ २७
‘ ४ लेटोऽडाटौ उ ४९०
‘ ५ आत ऐ उ ४९०
‘ ६ वैतोऽन्यत्र उ ४९१ [४८८
‘ ७ इतश्च लोपः परस्मैपदेषु उ
‘ ८ स उत्तमस्य उ ४९०
‘ ९ नित्यं ङितः उ १४
१०० इतश्च उ १५ [उ १४
‘ ०१ तस्थस्थमिपां तांतंतामः
‘ ०२ लिङः सीयुट् उ२८ [उ१६
‘ ०३ यासुट् परस्मैपदेषूदात्तो ङिच्च
‘ ०४ किदाशिषि उ १८
‘ ०५ झस्य रन् उ २८
‘ ०६ इटोऽत् उ २८
‘ ०७ सुट् तिथोः उ १६
‘ ०८ झेर्जुस् उ १७
‘ ०९ सिजभ्यस्तविदिभ्यश्च उ २०
‘ १० आतः उ २०
‘ ११ लङः शाकटायनस्यैव उ१।१९
‘ १२ द्विषश्च उ १।१
‘ १३ तिङ्शित् सार्वधातुकम् उ७
‘ १४ आर्धधातुकं शेषः उ१२
‘ १५ लिट् च उ ९
‘ १६ लिङाशिषि उ १८
‘ १७ छन्दस्युभयथा उ ४९२

चतुर्थाध्यायस्य प्रथम पादे ।

१ ङ्याप्प्रातिपदिकात् पू ८५
२ स्वौजसमौट्छष्टाभ्याम्भिस्ङेभ्याम्भ्यस्ङसिभ्याम्भ्यस्ङसोसाम्ङ्योस्सुप् पू ८६
३ स्त्रियाम् पू २०७
४ अजाद्यतष्टाप् पू २०७
५ ऋन्नेभ्यो ङीप् पू १३७
६ उगितश्च पू २०८
७ वनो र च पू २०९
८ पादोऽन्यतरस्याम् पू २०९
९ टाबृचि पू २०९
१० न षट्स्वस्रादिभ्यः पू १२८
‘ १ मनः पू २१०
‘ २ अनो बहुव्रीहेः पू २१०
‘ ३ डाबुभाभ्यामन्यतरस्याम् पू २१०
‘ ४ अनुपसर्जनात् पू २१५
‘ ५ टिड्ढाणञ्द्वयसज्दघ्नञ्मात्रच्तयप्ठक्ठञ्कञ्क्वरपः पू२१५
‘ ६ यञश्च पू २१७
‘ ७ प्राचां ष्फ तद्धितः पू २१८
‘ ८ सर्वत्र लोहितादिकतन्तेभ्यः पू २१९ [पू २१९
‘ ९ कौरव्यमाण्डूकाभ्यां च
२० वयसि प्रथमे पू २१९

चतुर्थाध्याये प्रथम पादे । ३१

‘ १ द्विगोः पृ २२०
‘ २ अपरिमाणबिस्ताचितकम्बल्ये-
भ्यो न तद्धितलुकि पृ २२०
‘ ३ काण्डान्तात् क्षेत्रे पृ २२०
‘ ४ पुरुषात् प्रमाणेऽन्यतरस्याम्
पृ २२१
‘ ५ बहुव्रीहेरूधसो ङीष् पृ २२१
‘ ६ संख्याव्ययादेर्ङीप् पृ २२२
‘ ७ दामहायनान्ताच्च पृ २२२
‘ ८ अन उपधालोपिनोऽन्यतरस्याम्
पृ २१०
‘ ९ नित्यं संज्ञाछन्दसोः पृ २२२
३० केवलमामकभागधेयपापापरस-
मानार्यकृतसुमङ्गलभेषजाच्च पृ २२२
‘ १ रात्रेश्चाजसौ छ ४९५
‘ २ अन्तर्वत्पतिवतोर्नुक् पृ २२३
‘ ३ पत्युर्नो यज्ञसंयोगे पृ २२३
‘ ४ विभाषा सपूर्वस्य पृ २२३
‘ ५ नित्यं सपत्न्यादिषु पृ २२४
‘ ६ पूतक्रतोरै च पृ २२५
‘ ७ वृषाकप्यग्निकुसितकुसिदानामु-
दात्तः पृ २२५
‘ ८ मनोरौ वा पृ २२५
‘ ९ वर्णादनुदात्तात् तोपधात् तो
नः पृ २२५
४० अन्यतो ङीष् पृ २२६
‘ १ षिद्गौरादिभ्यश्च पृ २२७
‘ २ जानपदकुण्डगोणस्थलभाजना-
गकालनीलकुशकामुककबराद्वृ-
त्त्यमत्रावपनाकृत्रिमाश्राणास्थौ-
ल्यवर्णानाच्छादनायोविकारमैथु-
नेच्छाकेशवेशेषु पृ २२८
‘ ३ शोणात् प्राचाम् पृ २२९
‘ ४ वोतो गुणवचनात् पृ २२९
‘ ५ बह्वादिभ्यश्च पृ २३०
‘ ६ नित्यं छन्दसि छ ४९६
‘ ७ भुवश्च छ ४९६
‘ ८ पुंयोगादाख्यायाम् पृ २३२
‘ ९ इन्द्रवरुणभवशर्वरुद्रमृडहिमा-
रण्ययवयवनमातुलाचार्याणा-
मानुक् पृ २३१
५० क्रीतात् करणपूर्वात् पृ २३२
‘ १ क्तादल्पाख्यायाम् पृ २३२
‘ २ बहुव्रीहेश्चान्तोदात्तात् पृ २३२
‘ ३ अस्वाङ्गपूर्वपदाद्वा पृ २३३
‘ ४ स्वाङ्गाच्चोपसर्जनादसंयोगोप-
धात् । पृ २३३
‘ ५ नासिकोदरौष्ठजङ्घादन्तकर्णशृ-
ङ्गाच्च पृ २३४
‘ ६ न क्रोडादिबह्वचः पृ २३४
‘ ७ सहनञ्विद्यमानपूर्वाच्च पृ २३६
‘ ८ नखमुखात् संज्ञायाम् पृ २३६
‘ ९ दीर्घजिह्वी च छन्दसि पृ ४९६
६० दिक्पूर्वपदान् ङीप् पृ २३६

१ बांहः पृ २६६	२ समर्थानां प्रथमाद्वा पृ ४८८
२ वंख्यग्निव्रीति भाषायाम् २२६ [२२७	३ प्राग्दीव्यतो ऽण् पृ ४८८
३ आतेरेक्तोविण्यादयोपधात् पृ	४ अश्वपत्यादिभ्यश्च पृ ४८८
४ पाऋकर्षपर्यांडुअफलमूलवाडोत्तरपदाच् पृ २३८	५ दित्यदित्यादित्यपत्युत्तरपदादाण्यः पृ ४८८
५ इतो मनुष्यजाते, पृ २३८	६ उत्सादिभ्यो ऽञ् पृ ४८०
६ अङ्गतः पृ २३८	७ स्त्रीपुंसाभ्यां नञ्स्नञौ भवनात् पृ ४८१
७ बाह्वनात् संज्ञायाम् पृ २४०	
८ पद्योश्च पृ २४०	८ द्विगोर्लुगनपत्ये पृ ४८१
९ अब्नरयदादौस्म्ये पृ २४०	९ गोत्रे ऽलुगचि पृ ४८१
१० संहितयफलव्यव्यशादादेश पृ २४०	१० यूनि लुक् पृ ४८२
	१ फक्फिञोरन्यतरस्याम् पृ ४८१
१ कडुकमब्खल्खोम्शन्दषि ऽ४८६	२ तस्यापत्याम् पृ ४८३
२ संज्ञायाम् पृ २४१	३ एको गोत्रे पृ ४८७
३ यार्न्रवाद्यज्ञो ठेनु पृ २४१	४ गोत्राद्यून्यस्त्रियाम् पृ ४८८
४ वङ्क्याप् पृ २४२	५ अत इञ् पृ ४८८
५ व्यावस्वाप् पृ २४२	६ बाह्वादिभ्यश्च पृ ४८८
६ तद्विताः पृ २४२	७ सुधातरकण्ठ च पृ ४८९
७ यूनक्तिः पृ २४२	८ गोत्रे कुञ्जादिभ्यश्चफञ् पृ४८९
८ अविज्ञोरार्घबौर्घ्यू रूपोलमखोः अछ गोले पृ ५२१	९ नडादिभ्यः फक् पृ ४८९
९ गोलावयवाप् पृ ५२२	१०० हरितादिभ्यो ऽञ् पृ ५००
१० क्रौड्यादिभ्यश पृ ५२२	१०१ यज्ञिञोश पृ ५००
१ देवयद्विगोविदृच्चिसाम्याद्यविकाष्ठे द्विझ्यो ऽन्यतरस्याम् पृ ५२३	१०२ यरहकुमुदकदभीष्मु शुवस्यापायोषु पृ ५०० [पृ५००
	१०३ द्रोषापर्वैतजीवन्ताद्वन्यतरस्यराम्
	१०४ अब्धाम्नन्तर्वै विदादिभ्यो ऽञ् पृ ५०१

चतुर्थाध्याये प्रथमः पादः ।

'०५ गर्गादिभ्यो यञ् पृ ५०१
'०६ मधुबभ्रोर्ब्राह्मणकौशिकयोः
    पृ ५०२
'०७ कपिगोधादाङ्गिरसे पृ ५०२
'०८ यतष्ठञ् पृ ५०२
'०९ लुक् स्त्रियाम् पृ ५०२
'१० अश्वादिभ्यः फञ् पृ ५०२
'११ भर्गात् त्रैगर्ते पृ ५०३
'१२ विदादिभ्यो ञ्यङ् पृ ५०४
'१३ अनृष्यानन्त्र्यो बिदादिभ्योऽञ्
    ञ्यङिकाम्यः पृ ५०४
'१४ कण्वादिभ्यो गोत्रे पृ ५०४
    [पृ ५०५
'१५ मावरूत वंश्यासंभ्रमपूर्वोक्षाः
'१६ कण्यादयः कनीन च पृ ५०५
'१७ विकर्ण शुङ्गच्छगलाद्वत्स-
    भरद्वाजात्रिषु पृ ५०५
'१८ पीलाया वा पृ ५०५
'१९ ढक् च मन्त्रुष्णातु पृ ५०६
'२० क्रोष्ट्रोभ्यो ढक् पृ ५०६
'२१ इञः पृ ५०६
'२२ रत्तवानिनः पृ ५०६
'२३ गृहादिभ्यश्च पृ ५०६
'२४ विकर्ण कुषीतकात् काश्यपे
    पृ ५०७
'२५ भ्रुवो वुञ् च पृ ५०७ [पृ ५०८
'२६ कल्याण्यादीनाजिनङ् च

'२७ कुन्तठाया वा पृ ५०८
'२८ चटकाया ऐरक् पृ ५०८
'२९ गोधाया ढ्रक् पृ ५०८
'३० आरुद्रदीचाम् पृ ५०८
'३१ कुत्राभ्यो वा पृ ५०८
'३२ पितृष्वसुरछण् पृ ५०८
'३३ ढकि लोपः पृ ५०८
'३४ मातुष्वसुश्च पृ ५०९
'३५ चतुष्माञ्जिनी ढञ् पृ ५०९
'३६ व्यच्चादिभ्यश्च पृ ५१०
'३७ राजश्वसुराद्यत् पृ ५१२
'३८ क्षत्राद्घः पृ ५१४
'३९ कुलात्खः पृ ५१४
'४० अपूर्वपदादन्यतरस्यां यट्-
    ढकञौ पृ ५१४
'४१ महाकुलादञ्खञौ पृ ५१४
'४२ दुष्कुलाड्ढक् पृ ५१४
'४३ स्वसुश्छः पृ ५१५
'४४ भ्रातुर्व्यच्च पृ ५१५
'४५ व्यन् सपत्ने पृ ५१५
'४६ रेवत्यादिभ्यष्ठक् पृ ५१५ [५१५
'४७ गोत्रस्त्रियाः कुत्स्ने ण च पृ
'४८ ह्व्रष्टुठक् सौवीरेषु बहुलम्
    पृ ५१५
'४९ फेण्ढ च पृ ५१६ [औ पृ ५१६
'५० फाण्टाहृतिमिमताभ्यां णफि-
'५१ कुर्वादिभ्यो ण्यः पृ ५१६ [५१७

‘ ५२ सेनान्तलक्षणकारिभ्यश्च पू
‘ ५३ उदीचामिञ् पू ५१७
‘ ५४ तिकादिभ्यः फिञ् पू ५१७
‘ ५५ कौशल्यकार्मार्याभ्यां च पू ५१७
‘ ५६ अणो द्व्यचः पू ५१८ [५१८
‘ ५७ उदीचां वृद्धादगोत्रात् पू
‘ ५८ वाकिनादीनां कुक् च पू ५१८
‘ ५९ पुत्रान्तादन्यतरस्याम् पू ५१८
‘ ६० प्राचामवृद्धात् फिन् बहुलम् ५१८ [पू ५१९
‘ ६१ मनोर्जातावञ्यतौ षुक् च
‘ ६२ अपत्यं पौत्रप्रभृति गोत्रम् पू ४९५
‘ ६३ जीवति तु वंश्ये युवा पू ४९५
‘ ६४ भ्रातरि च ज्यायसि पू ४९६
‘ ६५ वान्यस्मिन् सपिण्डे स्थविरतरे जीवति पू ४९६
‘ ६६ *वृद्धस्य च पूजायाम् पू ४९६
‘ ६७ +यूनश्च कुत्सायाम् पू ४९६
‘ ६८ जनपदशब्दात् क्षत्रियादञ् पू ५१९
‘ ६९ साल्वेयगान्धारिभ्यां च पू ५१९
‘ ७० द्व्यञ्मगधकलिङ्गसूरमसादण् पू ५१९ [पू ५१९

*+एते सूत्रे कौमदीकारवार्त्तिके ।

‘ ७१ वृद्धेत्कोसलाजादाञ्ञ्यङ्
‘ ७२ कुर्वादिभ्यो ण्यः पू ५१९
‘ ७३ साल्वावयवप्रत्यग्रथकलकूटाश्मकादिञ् पू ५२०
‘ ७४ ते तद्राजाः पू ५२०
‘ ७५ कम्बोजाल्लुक् पू ५२० [५२१
‘ ७६ स्त्रियामवन्तिकुन्तिकुरुभ्यश्च पू
‘ ७७ अतश्च पू ५२१ [पू ५२१
‘ ७८ न प्राच्यभर्गादियौधेयादिभ्यः

द्वितीय पादे ।

१ तेन रक्तं रागात् पू ५२४
२ लाक्षारोचनाट्ठक् पू ५२४
३ नक्षत्रेण युक्तः कालः पू ५२४
४ लुबविशेषे पू ५२४
५ संज्ञायां श्रवणाश्वत्थाभ्याम् पू ५२५
६ द्वन्द्वाच्छः पू ५२५
७ दृष्टं साम पू ५२५
८ कलेर्ढक् पू ५२६
९ वामदेवाड्ड्यड्ड्यौ पू ५२६
१० परिवृतो रथः पू ५२६
‘ १ पाण्डुकम्बलादिनिः पू ५२६
‘ २ द्वैपवैयाघ्रादञ् पू ५२७
‘ ३ कौमारापूर्ववचने पू ५२७
‘ ४ तत्रोद्धृतममत्रेभ्यः पू ५२७
‘ ५ स्थण्डिलाच्छयितरि व्रते पू ५२८

चतुर्थाध्यायै द्वितीय पादे ।

१६ संस्कृतं भक्षा: पू ५२८
१७ शूलोखाद्यञ् पू ५२८
१८ दधत्ठक् पू ५२८
१९ उद्श्विता ऽन्यतरस्याम् पू ५२८
२० क्षीराड्ढञ पू ५२८
१ जिवन् पौर्युमासीति संज्ञा-
    याम् पू ५२८   [५२८
२ आग्रहायण्यश्वत्थाट्ठक् पू
३ विभाषा फाल्गुनीश्रवणाकार्ति-
    कीचैत्रीभ्यः पू ५२८
४ साऽस्य देवता पू ५२०
५ कस्येत् पू ५२०
६ शुक्राद्घन् पू ५२१
७ अपोनप्त्रपांनप्तृभ्यां घः पू ५२१
८ छ च पू ५२१
९ महेन्द्राद्घाणौ च पू ५२१
१० सोमाट्ट्यण् पू ५२१
११ वाय्वृतुपित्रुषसो यत् पू ५२१
१२ द्यावापृथिवीशुनासीरमरुत्वदग्नी-
    षोमवास्तोष्पतिग्रहमेधाञ् च पू
    ५२२
१३ अग्नेर्ढक् पू ५२२
१४ काबेभ्यो भवत् पू ५२२
१५ महाराजप्रोष्ठपदाभ्यां ठञ् पू
    ५२२
१६ पितृव्यमातुलमातामहपितामहाः पू ५२२

१७ तस्य समूहः पू ५२४
१८ भिक्षादिभ्याऽण् पू ५२४
३९ गोत्रोक्षोष्ट्रउरभ्ररजअन्य-
    राजराजन्यवत्समनुष्याजाऽञ् पू ५२४
४० केदाराद्यञ् च पू ५२५
४१ ठञ् कवचिनश्र पू ५२५
४२ ब्राह्मणमाणववाडवाद्यन् पू
    ५२५
४३ पाशजनवन्धुमुद्दलात् पू ५२५
४४ खडदंष्ट्रादेरञ् पू ५२६
४५ छत्त्रिआदिभ्यश्र पू ५२६
४६ चरणेभ्यो धर्मवत् पू ५२६
४७ अचित्तहस्तिधेनोष्ठक् पू ५२६
४८ केशाश्वाभ्यां यञ्छावन्यतरस्याम्
    पू ५२६
४९ पाशादिभ्यो यः पू ५२६
५० खलगोरथात् पू ५२७
१ इनिलचण्डयत् पू ५२७
२ विषयो देशे पू ५२७
३ राजन्यादिभ्यो वुञ् पू ५२७
४ मौरिकायेशुकादिभ्यो विष-
    यभव्यौ पू ५२८
५५ सो ऽस्यादिरितिछन्दसः प्रगा-
    थेषु पू ५२८   [५२८
५६ संग्रामे प्रयोजनयोद्धृभ्यः पू
५७ तदस्यां प्रहरणमिति क्रीडायां
    णः पू ५२८   [५२८

५८ तदधीते तद्वेद पू ५३८	७९ किशंकाश्यवदुपच्चकर्षं सुतंगमप्रग- दिवराङ्कुङ्कदादिभ्यः पू ५४६
५९ क्रतूक्थादिसूत्रान्ताट्ठक् पू ५४०	८१ जनपदे लुप् पू ५४८
६१ क्रमादिभ्यो वुन् पू ५४१	८२ वर्ग्यादिभ्यश्च पू ५५१
६२ अनुब्राह्मणादिनिः पू ५४१	८३ शर्कराया वा पू ५५२
६३ वसन्तादिभ्यष्ठक् पू ५४१	८४ ठक्छौ च पू ५५२
६४ प्रोगाज्ञुक् पू ५४१	८५ नद्यां मतुप् पू ५५२
६५ सूत्राच्च कोपधात् पू ५४२	८६ मध्वादिभ्यश्च पू ५५२
६६ छन्दोब्राह्मणानि च तद्विषयाणि पू ५४२ [पू ५४३]	८७ कुमुदनडवेतसेभ्योङमतुप् पू ५५२
६७ तद्विनष्टीति देशे तन्नाम्नि	८८ नडशादाड्डुवलच् पू ५५३
६८ तेन निर्वृत्तम् पू ५४३	८९ शिखाया वलच् पू ५५३
६९ तस्य निवासः पू ५४३	९० उत्करादिभ्यश्छः पू ५५३
७० अदूरभवश्च पू ५४४	९१ नडादीनां कुक्च पू ५५३
७१ क्रोर्ज् पू ५४४	९२ श्ये पू ५५५
७२ मतोश्च बह्वजङ्गात् पू ५४४	९३ राजन्यादिभ्यो वुञ् पू ५५५
७३ बह्वचः कूपेषु पू ५४४	९४ दामादिष्वण् पू ५५५
७४ उदक् च विपाशः पू ५४४	९५ कञ्ज्यादिभ्यो ठकञ् पू ५५६
७५ संकाशादिभ्यश्च पू ५४५	९६ कुलकुक्षिग्रीवाभ्यः श्वास्यलङ्का- रेषु पू ५५६
७६ स्त्रीषु सौवीरसाल्वप्राक्षु पू ५४५	९७ नद्यादिभ्यो ढक् पू ५५६
७७ सुवास्त्रादिभ्योऽण् पू ५४५	९८ दक्षिणापश्चात्पुरसस्त्यक् पू ५५६
७८ रोणी पू ५४५	९९ कापिश्याः ष्फक् पू ५५६
७९ कोपधाच्च पू ५४६	१०० रङ्कोरमनुष्येऽण् च पू ५५७
८० वुञ्छण्कठजिलसेनिरढञ्ख्यय- ञ्ञफिञ्ञ्यकक्ठकोऽरीहणकृश्य- पाशस्यैङ्कुञ्जदास्या...	१०१ द्युप्रागपायुदक्प्रतीचो यत् पू ५५७

चतुर्थाध्याये द्वितीय पादे ।

१०२ । कन्वादिभ्यः । पृ ५५७
१०३ । वर्णौ युक् । पृ ५५७
१०४ । अम्बवात् त्वम् । पृ ५५७
१०५ । ऐषुकार्यादिभ्यो ऽम्यतरस्याम् ।
पृ ५५८ [५५८
१०६ । तीरद्भ्योत्तरपदाद्क्षो । पृ
१०७ । दिक्पूर्वपदादसंज्ञायां अः ।
पृ ५५८
१०८ । मद्रेभ्योऽञ् । पृ ५५८
१०९ । उदीच्यग्रामाच बह्वचो ऽन्तो-
दात्तात् । पृ ५५८
११० । प्रस्थोत्तरपदपलद्यादिको-
पधादञ् । पृ ५५८
१११ । कच्छादिभ्यो गोत्रे । पृ ५५९
११२ । द्वजय । पृ ५५९
११३ । न द्व्यचः प्राच्यभरतेषु ।
पृ ५५९
११४ । वृद्धाच्छः । पृ ५६०
११५ । भवतष्ठक्छसौ । पृ ५६१
११६ । काश्यादिभ्यष्ठिञ्ठौ । पृ ५६१
११७ । वाह्लीकग्रामेभ्यश्च । पृ ५६२
११८ । विभाषोशीनरेषु । पृ ५६२
११९ । ओर्देश्ये ठञ् । पृ ५६२
१२० । ट्यण्णात् प्राचाम् । पृ ५६२
१२१ । धन्वयोपधाद्भुञ् । पृ ५६२
१२२ । प्रस्थपुरवहान्ताच्च । पृ ५६३
१२३ । रोपधेतोः प्राचाम् । पृ ५६३

१२४ । जनपदतदवध्योश्च । पृ ५६३
१२५ । अवृद्धादपि बहुवचनविष-
याल् । पृ ५६३ [पृ ५६४
१२६ । कच्छाग्निवक्त्रगर्तोत्तरपदात् ।
१२७ । धूमादिभ्यश्च । पृ ५६४
१२८ । नगरात् कुत्सनप्रावीख्यः ।
पृ ५६४
१२९ । अरण्यान्मनुष्ये । पृ ५६४
१३० । विभाषा कुरुयुगन्धराभ्याम् ।
पृ ५६५
१३१ । मद्रवृज्योः कन् । पृ ५६५
१३२ । कोपधाद्ण् । पृ ५६५
१३३ । कच्छादिभ्यश्च । पृ ५६५
१३४ । मनुष्यतत्स्थयोर्वुञ् । पृ ५६५
१३५ । अपदातौ शाल्वात् । पृ ५६५
१३६ । गोयवाग्वोश्च । पृ ५६६
१३७ । मत्तौत्तरपदाच्छः । पृ ५६६
१३८ । गच्छादिभ्यश्च । पृ ५६६
१३९ । प्राचां कटादेः । पृ ५६७
१४० । राज्ञः क च । पृ ५६७
१४१ । वृद्धादकेकान्तखोपधात् । पृ ५६७
१४२ । कन्यापलदनगरंग्रामहदो-
त्तरपदात् । पृ ५६७
१४३ । पर्वतात् च । पृ ५६७
१४४ । विभाषा मनुष्ये । पृ ५६७
१४५ । कच्चवर्ण्यार्द्रवाजे । पृ ५६८

चतुर्थाध्यायस्य तृतीय पादे ।

१ । युष्मदस्मदोरन्यतरस्यां खञ् च । पृ ५६८ [पृ ५६८

२ । तस्मिन्नणि च युष्माकास्माकौ ।

३ । तवकममकावेकवचने ।पृ ५६८

४ । अर्धाद्यत् । पृ ५६८

५ । परावराधमोत्तमपूर्वाच्च ।पृ ५६८

६ । दिक्पूर्वपदाट्ठञ् च ।पृ ५६९

७ । ग्रामजनपदैकदेशादञ्ठञौ । पृ ५६९

८ ।मध्यान्मः । पृ ५६९

९ । अ साम्प्रतिके । पृ ५६९

१० ।द्वीपादनुसमुद्रं यञ् ।पृ ५६९

११ । कालाट्ठञ् । पृ ५६९

१२ । श्राद्धे शरदः । पृ ५७०

१३ विभाषा रोगातपयोः। पृ ५७०

१४ । निशाप्रदोषाभ्यां च । पृ ५७०

१५ ।श्वसस्तुट् च । पृ ५७० [५७१

१६ । संधिवेलाद्यृतुनक्षत्रेभ्योऽण् ।पृ

१७ प्रावृष एण्यः । पृ ५७१

१८ । वर्षाभ्यष्ठक् । पृ ५७१

१९ । छन्दसि ठञ् । उ ४९७

२० । वसन्ताच्च । उ ४९७

२१ । हेमन्ताच्च । उ ४९७

२२ ।सर्वत्राण् च तलोपश्च । पृ ५७१

२३ । सायंचिरंप्राह्णेप्रगेऽव्ययेभ्यष्ट्युट्युलौ तुट् च । पृ ५७१ [पृ ५७२

२४ ।विभाषा पूर्वाह्णापराह्णाभ्याम् ।

२५ । तत्र जातः । पृ ५७२

२६ । प्रावृषष्ठप् । पृ ५७२

२७ । संज्ञायां शरदो वुञ् ।पृ ५७२

२८ । पूर्वाह्णापराह्णार्द्रामूलप्रदोषावस्कराद्वुन् । पृ ५७४

२९ । पथः पन्थ च । पृ ५७४

३० । अमावास्याया वा । पृ ५७४

३१ । अ च । पृ ५७४

३२ । सिन्धुपकराभ्यां कन् । पृ ५७५

३३ । अणञौ च । पृ ५७५

३४ । श्रविष्ठाफल्गुन्यनुराधास्वातितिष्यपुनर्वसुहस्तविशाखाषाढाबहुलाल्लुक् । पृ ५७५ [५७६

३५ ।स्थानान्तगोशालखरशालाच्च। पृ

३६ । वत्सशालाभिजिदश्वयुक्छतभिषजो वा । पृ ५७६

३७ । नक्षत्रेभ्यो बहुलम् पृ ।५७६

३८। कृतलब्धक्रीतकुशलाः । पृ ५७६

३९ ।प्रायभवः । पृ ५७६

४० ।उपजानूपकर्णोपनीवेष्ठक्।पृ५७७

४१ । संभूते । पृ ५७७

४२ । कोशाड्ढञ्। पृ ५७७ [पृ ५७७

४३ ।कालात्साधुपुष्प्यत्पच्यमानेषु।

४४ । उप्ते च । पृ ५७७

४५ । आश्वयुज्या वुञ् । पृ ५७७

४६ ।ग्रीष्मवसन्तादन्यतरस्याम्।पृ५७७

चतुर्थाध्याये षष्ठीय पादे । ६९

४७ । देवमनुष्ये । पृ ५७७
४८ । कलाभ्यश्चव्यवहारे गाहुनूं । पृ ५७७
४९ । पीड्डावरवंद्यादुभ्यम् । पृ ५७८
५० । संवत्सराय ज्ञाव धीभ्यां ठञ् ञ् । पृ ५७८
५१ । आहरति खग्: । पृ ५७८
५२ । तदस्य सोढम् । पृ ५७८
५३ । तत्र भवः । पृ ५७९
५४ । हिमादिभ्यो यत् । पृ ५७९
५५ । शरीरावयवाच्च । पृ ५७९
५६ । ऋतिञ्चिकच विवक्षवत्तेढ़ेंञ् । पृ ५८०
५७ । पीवाम्भो ङ्ञ् च । पृ ५८०
५८ । गम्भीराञ्झ्यः । पृ ५८०
५९ । अव्ययीभावाच्च । पृ ५८०
६० । अन्तःपूर्वपदाट्ठञ् । पृ ५८०
६१ । ग्रामाद्यखंज्ञपूर्वात् । पृ ५८१
६२ । विद्याग्राह्मण्यो्भ्यः । पृ ५८२
६३ । वर्गान्ताच्च । पृ ५८२ [५८२
६४ । अयसस्वात्काव्यगरहाम् । पृ
६५ । अर्याद्ववाटात् बन्धुकन्दारे । पृ ५८२
६६ । तस्य व्याख्यान इति च व्याख्यातव्यनाम्नः । पृ ५८२ [५८२
६७ । बह्नचो न्तोदात्ताट्ठञ् । पृ
६८ । क्रतुवत्येभ्य । पृ ५८३
६९ । अध्यायेष्व वर्षे्यः । पृ ५८३

७० । पौरोडाशपुरोडाशावृञ्जनू । पृ ५८३
७१ । छन्दसो यदषौ । पृ ५८३
७२ । द्राह्नृतुभ्यामाग्रवर्षप्रथमाख्रश्वरशनामाख्यातांट्टक् । पृ ५८४
७३ । अणृञ्वनादिभ्यः । पृ ५८४
७४ । तत आगतः । पृ ५८४
७५ । ठगावस्थानेभ्यः । पृ ५८४
७६ । युधिष्टिकादिभ्यो ञ्य । पृ ५८४
७७ । विद्याबोनिवन्धेभ्यो वुञ् । पृ ५८५
७८ । क्षमच्छम् । पृ ५८५
७९ । पिद्धर्षं च । पृ ५८५
८० । गोत्राद्ङगुवत् । पृ ५८५
८१ । छेतमत्त्वेभ्यो अन्तरसां छुष्: । पृ ५८५
८२ । नयट् च । पृ ५८३
८३ । प्रभवति पृ ५८६
८४ । विदूराञ्झ्यः । पृ ५८६
८५ । रङ्गति यविद्दूतयो : । पृ ५८६
८६ । अभिनिष्क्रामति द्वारम् । पृ ५८६
८७ । अधिकृत्य कृते ग्रन्थे । पृ ५८६
८८ । शिशुक्रन्दयमसभद्वंन्द्व्वज्रनादिभ्यः । पृ ५८७
८९ । गो रूप विगलः । पृ ५८७
९० । अभिजनम् । पृ ५८७ [५८७
९१ । आयुधजीविभ्यः परौते । पृ

८२ । शाखिनादिभ्यो ञ्यः । पू ५८७

८३ । सिन्ध्वतचर्यादिभ्यो ऽणञौ । पू ५८८

८४ । तूदीशलातुरवर्मतीकूचवारा-ड्ढक्छण्ढञ्यकः । पू ५८८

८५ । भक्तिः । पू ५८८ [५८८

८६ । अविमत्तदेशकालाट्ठञ् । पू

८७ । मद्रवृज्योः कन् । पू ५८८

८८ । कोपधाच्च । पू ५८८

८९ । गोत्रक्षत्रियाख्येभ्यो बहुलं वुञ् । पू ५८८

१०० । जनपदिनां जनपदवत् सर्वं जनपदेन समानशब्दानां बहुवचने । पू ५८९

१०१ । तेन प्रोक्तम् । पू ५८९

१०२ तित्तिरिवरतन्तुखण्डिकोखा-च्छण् । पू ५८९

१०३ । काश्यपकौशिकाभ्यामृषि-भ्यां णिनिः । पू ५९०

१०४ । कलापिवैशम्पायनान्तेवासि-भ्यश्च । पू ५९०

१०५ । पुराणप्रोक्तेषु ब्राह्मणक-ल्पेषु । पू ५९०

१०६ । शौनकादिभ्यश्छन्दसि । पू ५९१

१०७ । कठचरकाल्लुक् । पू ५९१

१०८ । कलापिनोऽण् । पू ५९१

१०९ । छगलिनो ढिनुक् । पू ५९१

११० । पाराशर्यशिलालिभ्यां भिक्षुनटसूत्रयोः । पू ५९१

१११ । कर्मन्दकृशाश्वादिनिः । पू ५९२

११२ । तेनैकदिक् । पू ५९२

११३ । तसिस्य । पू ५९२

११४ । तरसो ब्रघ्न । पू ५९२

११५ । उपज्ञाते । पू ५९२

११६ । कृते ग्रन्थे । पू ५९३

११७ । संज्ञायाम् । पू ५९३

११८ । कुलालादिभ्यो वुञ् । पू ५९३

११९ । क्षुद्राभ्रमरवटरपादपादञ् । पू ५९३

१२० । तदस्येदम् । पू ५९३

१२१ । रथाद्यत् । पू ५९४

१२२ । मत्पूर्वाद्यन् । पू ५९४

१२३ । पक्षाद्भर्वुपरिपदष् पू ५९४

१२४ । हृद्धीराठञ् । पू ५९४

१२५ । द्वाह्नुन् वैरमेधुनिकयोः । पू ५९४

१२६ गोत्रचरणाद्वुञ् पू ५९५

१२७ श्राद्धादिभ्यो ञ्यजनिआर्ष् पू ५९५

१२८ शाकलाद्वा पू ५९५

१२९ छन्दोगौक्थिकयाज्ञिकबह्व च नटाञ्ञ्यः पू ५९६ [५९६

१३० न दण्डमाणवान्तेवासिषु पू

१३१ रैवतिकादिभ्यश्छः पू ५९६

चतुर्थाध्याये चतुर्थपादे ४१

‘ ३२ कौपिञ्जलहास्तिपदादण् पृ ५९६
‘ ३३ आथर्वणिकस्येकलोपश्च पृ ५९६
‘ ३४ तस्य विकारः पृ ५९७
‘ ३५ अवयवे च प्राण्योषधिवृक्षेभ्यः पृ ५९७
‘ ३६ बिल्वादिभ्योऽण् पृ ५९७
‘ ३७ कोपधाच्च पृ ५९७
‘ ३८ त्रपुजतुनोः षुक् पृ ५९७
‘ ३९ ओरञ् पृ ५९८
१४० अनुदात्तादेश्च पृ ५९८
‘ ४१ पलाशादिभ्यो वा पृ ५९८
‘ ४२ शम्याः ष्लञ् पृ ५९८
‘ ४३ मयड्वैतयोर्भाषायामभक्ष्याच्छादनयोः पृ ५९८
‘ ४४ नित्यं वृद्धशरादिभ्यः पृ ५९९
‘ ४५ गोश्च पुरीषे पृ ५९९
‘ ४६ पिष्टाच्च पृ ५९९
‘ ४७ संज्ञायां कन् पृ ५९९
‘ ४८ व्रीहेः पुरोडाशे पृ ६००
‘ ४९ असंज्ञायां तिलयवाभ्याम् पृ ६००
‘ ५० द्व्यचश्छन्दसि उ ४९७
‘ ५१ नोत्वद्वर्ध्रबिल्वात् उ ४९७
‘ ५२ तालादिभ्योऽण् पृ ६००
‘ ५३ जातरूपेभ्यः परिमाणे पृ ६००
‘ ५४ प्राणिरजतादिभ्योऽञ् पृ ६००
‘ ५५ ञितश्च तत्प्रत्ययात् पृ ६००
‘ ५६ क्रीतवत् परिमाणात् पृ ६०१
‘ ५७ उष्ट्राद्वुञ् पृ ६०१
‘ ५८ उमोर्णयोर्वा पृ ६०१
‘ ५९ एण्या ढञ् पृ ६०१
१६० गोपयसोर्यत् पृ ६०१
‘ ६१ द्रोश्च पृ ६०१
‘ ६२ माने वयः पृ ६०२
१६३ फले लुक् पृ ६०२
१६४ प्लक्षादिभ्योऽण् पृ ६०२
१६५ जम्ब्वा वा पृ ६०२
१६६ लुप् च पृ ६०२
१ ७ हरीतक्यादिभ्यश्च पृ ६०२
१६८ कंसीयपरशव्ययोर्यञञौ लुक् च पृ ६०३

चतुर्थाध्यायस्य चतुर्थपादे ।

१ प्राग्वहतेष्ठक् पृ ६०४ [पृ ६०४
२ तेन दीव्यति खनति जयति जितं
३ संस्कृतम् पृ ६०५
४ कुलत्थकोपधादण् पृ ६०५
५ तरति पृ ६०५
६ गोपुच्छाट्ठञ् पृ ६०५
७ नौद्व्यचष्ठन् पृ ६०५
८ चरति पृ ६०५
९ आकर्षात् ष्ठल् पृ ६०५
१० पर्पादिभ्यः ष्ठन् पृ ६०६
११ श्वगणाट्ठञ् च पृ ६०६

१२ वेतनादिभ्यो जीवति पू० ६०६	६ परिपन्थं च तिष्ठति पू० ६११
१३ वस्त्रक्रयविक्रयाट्ठञ् पू० ६०६	७ आद्योत्तरपदद्व्यन्तुपदं धावति पू० ६१२
१४ आयुधाञ्छ च पू० ६०७	८ आक्रन्दाट्ठञ् च पू० ६१२
१५ हरत्युत्कादिभ्यः पू० ६०७	९ पदोत्तरपदं स्पृहयति पू० ६१२
१६ भक्षादिभ्यः ष्णु पू० ६०७	४० प्रतिकण्ठार्थललामं च पू० ६१२
१७ विभाषा विश्वधानु पू० ६०७	१ धर्मं चरति पू० ६१२
१८ वसु कुटिलिकायाः पू० ६०७	२ प्रतिपथमेति ठञ् पू० ६१२
१९ निर्दुःखेऽध्वर्यादिभ्यः पू० ६०८	३ समवायान् समवैति पू० ६१२
२० लोमशिल्पमु पू० ६०८	४ परिषदो ख्य: पू० ६१२
२१ अपमित्ययाचिताभ्यां ककनौ पू० ६०८	५ सेनाया वा पू० ६१३
२२ संसृष्टे पू० ६०८	६ संज्ञायां ककुटकारकौ पश्यति पू० ६१२
२३ चूर्णादिनि: पू० ६०८	७ तस्य धर्म्यम् पू० ६१३
२४ लवणाल्लुक् पू० ६०८	८ अण् मङ्किष्यादिभ्यः पू० ६१४
५ मुद्रादण् पू० ६०९	९ क्रतो ञ्जः पू० ६१४
६ व्यञ्जनैरुपसिक्ते पू० ६०९	५० अमक्षयः पू० ६१४
७ ओजःसहोऽम्भसा वर्त्तते पू० ६०९	१ तदस्य परणम् पू० ६१४
८ तत् प्रत्यनुपूर्व्यमीपलोमकूलम् पू० ६०९	२ अष्वाट्ठञ् पू० ६१४
९ परिसृष्खं च पू० ६१०	३ किशरादिभ्यः ष्णु पू० ६१४
२० प्रयच्छति गर्हायम् पू० ६१०	४ यत्सरुणो ऽन्यतरस्याम् पू० ६१५
१ कुशीदद्वयेकादशात् छ नृछौ पू० ६१०	५ गिल्लम् पू० ६१५ [पू० ६१५
२ उद्कति पू० ६१०	६ मड्डुकभर्करादण्ऽन्यतरस्याम्
३ रक्षति पू० ६१२	७ प्रहरणम् पू० ६१५
४ मद्दत्तं करोति पू० ६११	८ परस्खाट्ठञ् च पू० ६१५
५ पश्चिमान् द्रुह्मान् हन्ति पू० ६११	९ यत्क्रियं छोरीकक् पू० ६१६
	६० अस्तिनास्तिदिष्टं मतिः पू० ६१६

' १ शीलम् पृ ६१६
' २ छत्रादिभ्यो णः पृ ६१६
' ३ कर्माध्ययने वृत्तम् पृ ६१७
' ४ बह्वच्पूर्वपदाट्ठच् पृ ६१७
' ५ हितं भक्षाः पृ ६१७
' ६ तदस्मै दीयते नियुक्तम् पृ ६१७
' ७ श्राणामांसौदनाट्टिठन् पृ ६१७
' ८ भक्तादणन्यतरस्याम् पृ ६१८
' ९ तत्र नियुक्तः पृ ६१८
७० अगारान्ताट्ठन् पृ ६१८
' १ अध्यायिन्यदेशकालात् पृ ६१८
' २ कठिनान्तप्रस्तारसंस्थानेषु व्यवहरति पृ ६१८
' ३ निकटे वसति पृ ६१९
' ४ आवसथात् ष्ठल् पृ ६१९
' ५ प्राग्घिताद्यत् पृ ६२०
' ६ तद्वहति रथयुगप्रासङ्गम् पृ ६२०
' ७ धुरो यड्ढकौ पृ ६२०
' ८ खः सर्वधुरात् पृ ६२०
' ९ एकधुराल्लुक् च पृ ६२०
८० शकटादण् पृ ६२०
' १ हलसीराट्ठक् पृ ६२०
' २ संज्ञायां जन्या पृ ६२०
' ३ विध्यत्यधनुषा पृ ६२१
' ४ धनगणं लब्धा पृ ६२२
' ५ अन्नाण्णः पृ ६२१
' ६ वशं गतः पृ ६२१
' ७ पदमस्मिन् दृश्यम् पृ ६२१
' ८ मूलमस्याबर्हि पृ ६२१
' ९ संज्ञायां धेनुष्या पृ ६२१
९० गृहपतिना संयुक्ते ञ्यः पृ ६२१
' १ नौवयोधर्मविषमूलमूलसीतातुलाभ्यस्तार्यतुल्यप्राप्यवध्यानाम्यसमसमितसंमितेषु पृ ६२२
' २ धर्मपथ्यर्थन्यायादनपेते पृ ६२२
' ३ छन्दसो निर्मिते पृ ६२२
' ४ उरसोऽण् च पृ ६२२
' ५ हृदयस्य प्रियः पृ ६२२
' ६ बन्धने चर्षौ पृ ६२३
' ७ मतजनहलात् करणजल्पकर्षेषु पृ ६२३
' ८ तत्र साधुः पृ ६२३
' ९ प्रतिजनादिभ्यः खञ् पृ ६२३
१०० भक्ताण्णः पृ ६२३
' ०१ परिषदो ण्यः पृ ६२३
' ०२ कथादिभ्यष्ठक् पृ ६२३
' ०३ गुडादिभ्यष्ठञ् पृ ६२४
' ०४ पथ्यतिथिवसतिस्वपतेर्ढञ् पृ ६२४
' ०५ सभाया यः पृ ६२४
' ०६ ढश्छन्दसि उ ४९७
' ०७ समानतीर्थे वासी पृ ६२४
' ०८ समानोदरे शयित ओ चोदात्तः पृ ६२४

‘ ०९ सोदराद्यः पू ६२४

११० भवे छन्दसि उ ४९७

‘ ११ पाथोनदीभ्यां ड्यण् उ ४९८

‘ १२ वेशन्तहिमवद्भ्यामण् उ ४९८

‘ १३ स्रोतसो विभाषा ड्यड्ड्यौ उ ४९८

‘ १४ सगर्भसयूथसनुताद्यत् उ ४९८

‘ १५ तुग्राद्घन् उ ४९८

‘ १६ अग्राद्यत् उ ४९९

‘ १७ घच्छौ च उ ४९९

‘ १८ समुद्राभ्राद्घः उ ४९९

‘ १९ बर्हिषि दत्तम् उ ४९९

१२० दूतस्य भागकर्मणी उ ४९९

‘ २१ रक्षोयातूनां हननी उ ४९९

‘ २२ रेवतीजगतीहविष्याभ्यः प्रशस्ये उ ४९९

‘ २३ असुरस्य स्वम् उ ५००

‘ २४ मायायामण् उ ५००

‘ २५ तद्वानासामुपधानो मन्त्र इष्टकासु लुक् च मतोः उ ५००

‘ २६ अश्विमानण् उ ५००

‘ २७ वयस्यासु मूर्ध्नो मतुप् उ ५००

‘ २८ मत्वर्थे मासतन्वोः उ ५००

‘ २९ मधोर्ञ च उ ५०१

१३० ओजसोऽहनि यत्खौ उ ५०१

‘ ३१ वेशोयशआदेर्भगाद्यल् उ ५०१

‘ ३२ ख च उ ५०१

‘ ३३ पूर्वैः कृतमिनियौ च उ ५०१

‘ ३४ अद्भिः संस्कृतम् उ ५०१

‘ ३५ सहस्रेण संमितौ घः उ ५०१

‘ ३६ मतौ च उ ५०१

‘ ३७ सोममर्हति यः उ ५०२

‘ ३८ मये च उ ५०२

‘ ३९ मधोः उ ५०२

१४० वसोः समूहे च उ ५०२

‘ ४१ नक्षत्राद्घः उ ५०२

‘ ४२ सर्वदेवात् तातिल् उ ५०३

‘ ४३ शिवशमरिष्टस्य करे उ ५०३

‘ ४४ भावे च उ ५०३

पञ्चमाध्यायस्य प्रथमपादे ।

१ प्राक् क्रीताच्छः पू ६२५

२ उगवादिभ्यो यत् पू ६२५

३ कम्बलाच्च संज्ञायाम् पू ६२५

४ विभाषा हविरपूपादिभ्यः पू ६२५

५ तस्मै हितम् पू ६२६

६ शरीरावयवाद्यत् पू ६२६

७ खलयवमाषतिलवृषब्रह्मणश्च पू ६२६

८ अजाविभ्यां थ्यन् पू ६२६

९ आत्मन्विश्वजनभोगोत्तरपदात् खः पू ६२६

१० सर्वपुरुषाभ्यां णढञौ पू ६२७

पञ्चम ध्याये प्रथम पादे । ४५

१ माषवचरकाभ्यां खञ् पू २७
२ तदर्हं विकृतेः प्रकृतौ पू ६२७
३ छदिरुप धिच्छेर्ढञ् पू ६२८
४ ऋष्यन्धकवृष्णिकुर्व्व्रः पू ६२८
५ वर्म्मणो ऽञ् पू ६२८
६ तदस्य तदस्मिन् स्यादिति पू ६२८
७ परिखाया ढञ् पू ६२८
८ प्रावतेस्ठञ् पू ६२८
९ आहर्दिगोपुच्छसङ्ख्यापरिमा- णाट्ठक् पू ६२८
१० असमासे निष्कादिभ्यः पू ६२८
१ शताच्च ठन्वावशते पू ६२१
२ सङ्ख्याया अतिशदन्तायाः कन् पू ६३२
३ वतोरिड्वा पू ६३१
४ विंशतिलिङ्गद्भ्यांड्वुन्वसंज्ञायाम् पू ६३१
५ कंसाट्ठिठन् पू ६३१
६ शूर्पादञ् अन्यतरस्यां मुपू ६३२
७ शतमानविंशतिकसहस्रवसनाद ण् पू ६३२ [पू ६३२
८ अध्यर्द्धपूर्व्वद्विगोर्लुगसंज्ञायाम्
९ विभाषा कार्षापणसहस्राभ्या म् पू ६३२
१० द्विविपूर्व्वान्निष्कात् पू ६३२
११ विस्ताच्च पू ६३२
१२ विंशतिकात् खः पू ६३२

१३ खार्यां ईकम् पू ६३३
१४ पणपादमाष्यशताद्यत् पू ६३९
१५ शाणाद्वा पू ६३४
१६ द्विपिन्गार्दञ् च पू ६३४
१७ तेन क्रीतम् पू ६३४
१८ तस्य निमित्तं संयोगोत्पातौ पू ६३५
१९ गोद्व्यचो ऽसङ्ख्यापरिमाणा- श्चायनेण् पू ६३५
२० पुत्राच्च च पू ६३५ [पू ६३५
२१ सर्व्वभूमिपृथिवीभ्यामण्यौ
२२ तस्येश्वरः पू ६३६
२३ तत्र विदित इति च पू ६३६
२४ ओजःसहोम्भसाट्ठञ् पू ६३६
२५ तस्य व्याघः पू ६३६
२६ पात्राद्य ठन् पू ६३६
२७ तदस्मिन् उद्यावयाभ्गुले को- पदादीयते पू ६३६
२८ पूर्व्वार्द्धाट्ठन् पू ६३७
२९ भागाद्यच्च पू ६३७
३० तत्रवति सन्तत्रावहृति भारो- व्यादिभ्यः पू ६३७
१ वक्षद्व्याख्या ठनृ कमौ पू ६३८
२ संभवत्यवहरति पचति पू ६३८
३ आढकाचितपात्रात् खोऽन्य- तरस्याम् पू ६३८
४ द्विगोः ठ च पू ६३८

५५ क्विजाह्न कृखौ च पू ६३८
५६ योऽस्रांववस्त्रव्रस्तवः पू ६३८
५७ तदस्य परिमाणम् पू ६३८
५८ संख्यायाः संज्ञासंघसूत्राध्य-
यनेषु पू ६३८
५८ पङ्क्तिविंशतित्रिंशच्चत्वारिंशत्-
पञ्चाशत्षष्टिसप्तत्यशीतिनवतिशतम्
पू ६४०
६० पञ्चद्भ्दतौ वर्गे वा पू ६४०
६१ सप्तनोऽज् छन्दसि उ ५०२
६२ त्रिंशच्चत्वारिंशतोर्ब्राह्मणे
संज्ञायां डण् पू ६४०
६३ तदर्हति पू ६४०
६४ ठेटादिभ्यो नित्यम् पू ६४०
६५ धीर्घच्छोदोष्ठच पू ६४१
६६ दक्षादिभ्यो वः पू ६४१
६७ छन्दसि च उ ५०४
६८ पाठाद्यच पू ६४१
६८ षडुरदन्विष्याश्च पू ६४१
७० स्थालीविलात् पू ६४२
७१ वर्त्सिगण्यां चत्रज्ञौ पू ६४२
७२ पारायणतुरायणचान्द्रायणं
वर्तयति पू ६४२
७३ संशयमापन्नः पू ६४२
७४ योजनं गच्छति पू ६४२
७५ पथः ष्कन् पू ६४३
७६ पन्थो ण नित्यम् पू ६४३

७७ उत्तरपथेनाहृतं च पू ६४३
७८ बालात् पू ६४३
७८ तेन निर्वृत्तम् पू ६४३
८० तमधीष्टो भृतो भूतो भावी
पू ६४३
८१ आषाढप्लवति बहुलम् पू ६४४
८२ द्विगोर्लुगन् पू ६४४
८३ वण्मासा ऋत्वञ् पू ६४४
८४ अवयसि ठञ्च पू ६४४
८५ समायाः खः पू ६४४
८६ द्विगोर्वा पू ६४५
८७ रात्रत्रः संवत्सरश्च पू ६४५
८८ वर्णोर्लुक् च पू ६४५
८८ चित्तवति नित्यम् पू ६४६
८० षष्ठिकाः षष्ठिशालेच पञ्चमोः
पू ६४६
९१ वत्सरान्ताच्छुन्दसि उ ५०४
८२ संपरिपूर्वान्ख च उ ५०४
९३ तेन परिज्ञयज्यभ्यहख्यहरम्
पू ६४६
८४ तदस्य सद्ब्रह्मचर्यम् पू ६४७
८५ तस्य दक्षिणा यज्ञाख्येभ्यः
पू ६४७
८६ तत्र च दीयते कार्यं भवत् पू
८७ व्युष्टादिभ्योऽण् पू ६४८
९८ तेन यथाकथाचहस्ताभ्यां पणतौ
पू ६४८

पञ्चमाध्याये प्रथम पादे । ४७

९९ संपादिनि पू ६४८
१०० कर्मवेषाद्यत् पू ६४८
१०१ तत्र प्रभवति सन्तापादिभ्यः
   पू ६४८
१०२ योगाद्यञ् पू ६४८
१०३ कर्मण्युकञ् पू ६४८
१०४ समयस्तदस्य प्राप्तम् पू ६४८
१०५ व्रतोष्ण पू ६४८
१०६ तदस्मिन् यस् च ५०४
१०७ काषाद्यत् पू ६४८
१०८ प्रज्ञादेर्ठञ् पू ६४८
१०९ प्रयोजनम् पू ६४८ (पू ६५०)
११० विशाखाषाढादण् मन्थदण्डयोः
१११ अनुप्रवचनादिभ्यश्च पू "
११२ सन्तापनात् सप्तर्वपदात्
   पू ६५०
११३ ऐकागारिकटं चौरे पू ६५०
११४ आक्षिक्रद्धादिवचने
   पू ६५१
११५ तेन तुल्यं क्रिया चेद्वतिः
   पू ६५२
११६ तत्र तस्येव पू ६५२
११७ तदर्हम् पू ६५२
११८ उपसर्गाच्छन्दसि धातर्वे
   उ ५०४
११९ तस्य भावस्तलतौ पू ६५२
१२० आ च त्वात् पू ६५२

१२१ न नञ्पूर्वात् तत्पुरुषादच्-
   तरपदलुग्यवटयुग्कतरष्ठरसीब्र्यः
   पू ६५२
१२२ पृथ्वादिभ्य इमनिज्वा पू ६५१
१२३ वर्णदृढादिभ्यः ष्यञ् च
   पू ६५३
१२४ गुणवचनब्राह्मणादिभ्यः
   कर्मणि च पू ६५४
१२५ स्तेनाद्यन्नलोपश्च पू ६५५
१२६ सख्युर्यः पू ६५५
१२७ कपिज्ञातेरढक् पू ६५५
१२८ पत्यन्तपुरोहितादिभ्यो यक्
   पू ६५५
१२९ प्राणभृज्जातिवयोवचनोद्गा-
   त्रादिभ्यो ञ्य पू ६५६
१३० हायनान्तयुवादिभ्योण्
   पू ६५६
१३१ इगन्ताच्च लघुपूर्वात् पू ६५७
१३२ योपधाद्गुरूपोत्तमाद्वञ्
   पू ६५७
१३३ द्वन्द्वमनोज्ञादिभ्यश्च पू ६५७
१३४ गोत्रचरणाच्श्लाघात्याका-
   रतद्वेतेषु पू ६५७
१३५ होत्राभ्यश्छः पू ६५७
११५ ब्राह्मणस्त्वः पू ६५७

द्वितीयपादे।

१ धान्यानां भवने क्षेत्रे खञ् प॰ ६५८
२ व्रीहिशाल्योर्ढक् प॰ ६५८
३ यवयवकषष्टिकाद्यत् प॰ ६५८
४ विभाषा तिलमाषोमाभङ्गाणुभ्यः प॰ ६५८
५ सर्वचर्मणः कृतः खखञौ प॰ ६५८
६ यथामुखसंमुखस्य दर्शनः खः प॰ ६५८
७ तत् सर्वादेः पथ्यङ्गकर्मपत्रपात्रं व्याप्नोति प॰ ६५९
८ आप्रपदं प्राप्नोति प॰ ६५९
९ अनुपदसर्वान्नायानयं बद्धाभक्षयतिनेयेषु प॰ ६५९
१० परोवरपरम्परपुत्रपौत्रमनुभवति प॰ ६६० (प॰ ६६०
११ अवारपारात्यन्तानुकामं गामी
१२ समांसमां विजायते प॰ ६६१
१३ अद्यश्वीनावष्टब्धे प॰ ६६१
१४ आगवीनः प॰ ६६१
१५ अनुग्वलङ्गामी प॰ ६६२
१६ अध्वनो यत्खौ प॰ ६६२
१७ अभ्यमित्राच्छ च प॰ ६६२
१८ गोष्ठात् खञ् भूतपूर्वे प॰ ६६२
१९ अश्वस्यैकाहगमः प॰ ६६२
२० शालीनकौपीने अधृष्टाकार्ययोः प॰ ६६२
२१ व्रातेन जीवति प॰ ६६२
२२ साप्तपदीनं सख्यम् प॰ ६६२
२३ हैयंगवीनं संज्ञायाम् प॰ ६६२
२४ तस्य पाकमूले पील्वादिकर्णादिभ्यः कुणब्जाहचौ प॰ ६६३
२५ पक्षात् तिः प॰ ६६३
२६ तेन वित्तश्चुञ्चुप्चणपौ प॰ ६६३
२७ विनञ्भ्यां नानाञौ नसह प॰ ६६४
२८ वेः शालच्छङ्कटचौ प॰ ६६४
२९ सम्प्रोदश्च कटच् प॰ ६६४
३० अवात् कुटारच् च प॰ ६६५
३१ नते नासिकायाः संज्ञायां टीटञ् नाटज् भ्राटचः प॰ ६६५।
३२ नेर्बिडज्बिरीसचौ प॰ ६६५
३३ इनच्पिटच्चिकचि च प॰ ६६५
३४ उपाधिभ्यां त्यकन्नासन्नारूढयोः प॰ ६६६
३५ कर्मणि घटोऽठच् प॰ ६६६
३६ तदस्य संजातं तारकादिभ्य इतच् प॰ ६६६ [६६७
३७ प्रमाणे द्वयसज्दघ्नञ्मात्रचः प॰
३८ पुरुषहस्तिभ्यामण् च प॰ ६६७
३९ यत्तदेतेभ्यः परिमाणे वतुप्“

पञ्चमाध्याये द्वितीयपादे ४९

पू ६६८

४० किमिदंभ्यां वो घः पू ६६८

' १ किमः संख्यापरिमाणे डति च पू ६६८

' २ संख्याया अवयवे तयप् पू ६६८

' ३ द्वित्रिभ्यां तयस्यायज्वा पू६६८

' ४ उभादुदात्तो नित्यम् पू ६६८

' ५ तदस्मिन्नधिकमिति दशान्ताड्डः पू ६६९

' ६ शदन्तविंशतेश्च पू ६६९

' ७ संख्याया गुणस्य निमाने मयट् पू ६६९

' ८ तस्य पूरणे डट् पू ६७०

' ९ नान्तादसंख्यादेर्मट् पू ६७०

५० थट् च छन्दसि उ ५०४

' १ षट्कतिपयचतुरां थुक् पू ६७०

' २ बहुपूगगणसंघस्य तिथुक् पू ६७०

' ३ वतोरिथुक् पू ६७०

' ४ द्वेस्तीयः पू ६७०

' ५ त्रेः संप्रसारणं च पू ६७१

' ६ विंशत्यादिभ्यस्तमडन्यतरस्याम् पू ६७१ [रास पू ६७१

' ७ नित्यं शतादिमासार्धमाससंवत्स-

' ८ षष्ट्यादेश्चासंख्यादेः पू ६७१

' ९ मतौ छः सूक्तसाम्नोः पू ६७१

६० अध्यायानुवाकयोर्लुक् पू ६७१

' १ विमुक्तादिभ्योऽण् पू ६७१

' २ गोषदादिभ्यो वुन् पू ६७२

' ३ तत्र कुशलः पथः पू ६७२

' ४ आकर्षादिभ्यः कन् पू ६७२

' ५ धनहिरण्यात् कामे पू ६७२

' ६ स्वाङ्गेभ्यः प्रसिते पू ६७२

' ७ उदराट्ठगाद्यूने पू ६७२

' ८ सस्येन परिजातः पू ६७३

' ९ अंशं हारी पू ६७३

७० तन्त्रादचिरापहृते पू ६७३

' १ ब्राह्मणकोष्णिके संज्ञायाम् पू ६७३

' २ शीतोष्णाभ्यां कारिणि पू६७३

' ३ अधिकम् पू ६७४ [६७४

' ४ अनुकाभिकाभीकः कमिता पू

' ५ पार्श्वेनान्विच्छति पू ६७४

' ६ अयःशूलदण्डाजिनाभ्यां ठक्ठञौ पू ६७४ [पू ६७५

' ७ तावतिथं ग्रहणमिति लुग्वा

' ८ स एषां ग्रामणीः पू ६७५

' ९ शृङ्खलमस्य बन्धनं करभे पू ६७५

८० उत्क उन्मनाः पू ६७५

' १ कालप्रयोजनाद्रोगे पू ६७५

' २ तदस्मिन्नन्नं प्रायेण संज्ञायाम्

' २ कुलमापादम् पृ ६७६
' ४ श्रोत्रियंशछन्दोऽधीते पृ ६७६
' ५ आर्द्रमेव भुङ्क्तेनिठनौ पृ
६७६
' ६ पूर्वादिनिः पृ ६७६
' ७ सपूर्वाच्च पृ ६७६
' ८ दशादिभ्यश्च पृ ६७६
' ८ दन्दशि परिपन्विपरिपरिणौ
पर्यवस्थातरि पृ ६७६
६० अनुपद्यन्वेष्टा पृ ६७७
' १ साक्षाद्द्रष्टरि संज्ञायाम् पृ ६७७
' २ क्षेत्रियच् परक्षेत्रे चिकित्स्यः
पृ ६७७
' ३ इन्द्रियमिन्द्रलिङ्गमिन्द्रदृष्टमिन्द्र
सृष्टमिन्द्रजुष्टमिन्द्रदत्तमिति वा
पृ ६७७
' ४ तदस्यास्यस्मिन्निति महण् पृ
६७७
' ५ रसादिभ्यश्च पृ ६७७ [पृ ६८०
' ६ प्राण्यिस्वादाति लजन्यतरस्याम्
' ७ सिध्मादिभ्यश्च पृ ६८०
' ८ वत्सांसाभ्यां कामबले पृ ६८०
' ८ फेनादिलच् च पृ ६८०
१०० लोमादिपामादिपिच्छादिभ्यः
शनेलचः पृ ६८१
' ०१ प्रज्ञाश्रद्धार्चाभ्यो णः पृ६८१
१०२ तपःसहस्राभ्यां विनीनी पृ
६८१

१०२ अण् च पृ ६८२
१०४ सिकताशर्कराभ्यां च पृ६८२
१०५ देशे लुबिलचौ च पृ ६८२
१०६ दन्त उन्नत उरच् पृ ६८२
१०७ ऊषसुषिमुष्कमधो रः पृ ६८२
१०८ द्युद्रुभ्यां मः पृ ६८१
१०८ केशाद्वोऽन्यतरस्याम् पृ ६८३
२१० गम्भन्नगात्सं संज्ञायाम् पृ
६८२
'११ काण्डाण्डादीरन्नीरचौ पृ ६८२
'१२ रजःकृष्यासुतिपरिषदो व-
लच् पृ ६८१
'१३ दन्तशिखात् संज्ञायाम् पृ६८४
' १४ व्योत्स्वातनिस्स्वामृक्तिष्वोर्जे
स्विन्स्वर्जे खङ्गगोसिक्थलवणलोमषाः
पृ ६८४
' १५ अत इनिठनौ पृ ६८४
' १६ व्रीह्यादिभ्यश्च पृ ६८४
' १७ तुन्दादिभ्य इलच् च पृ ६८४
' १८ एकगोपूर्वाट्ठञ् निच्चम् पृ
६८५   [६८५
' १८ शतसहस्रान्ताच्च निष्कात् पृ
' २० रूपादाहतप्रशंसयोर्यप् पृ
६८५
' २१ अश्वावामेधान्तलो विनिः
पृ ६८५
' २२ बहुलं छन्दसि उ ६.०५
' २३ अर्श्यादिभ्य अच् पृ ६८६

पञ्चमाध्याये द्वितीयपादे। ५१

' २४ वाचो ग्मिनिः पू ६८६
' २५ आलजाटचौ बहुभाषिणि पू ६८६
' २६ स्वादिभ्य ऐश्वर्ये पू ६८६
' २७ अर्शआदिभ्यो ऽच् पू ६८६
' २८ हृद्योपतापगर्ह्यात् प्राणिस्था दिनिः पू ६८७ [६८७
' २९ वातातीसाराभ्यां कुक् च पू
' ३० वयसि पूरणात् पू ६८७
' ३१ सुखादिभ्यश्च पू ६८७
' ३२ धर्मशीलवर्णान्ताच्च पू ६८७
' ३३ हस्ताज्जातौ पू ६८८
' ३४ वर्णाद्ब्रह्मचारिणि पू ६८८
' ३५ पुष्करादिभ्यो देशे पू ६८८
' ३६ बलादिभ्यो मतुबन्यतरस्याम् पू ६८८
' ३७ संज्ञायां मन्माभ्याम् पू ६८९
' ३८ कंशंभ्यां बभयुस्तितुतयसः पू ६८९
' ३९ तुन्दिवलिवटेर्भः पू ६८९
१४० अहंशुभमोर्युस् पू ६८९

तृतीय पादे।

१ प्राग्दिशो विभक्तिः पू ६९०
२ किंसर्वनामबहुभ्यो ऽद्व्यादिभ्यः पू ६९०
३ इदम इश् पू ६९०
४ एतेतौ रथोः पू ६९०
५ एतदो ऽन् पू ६९० [६९०
६ सर्वस्य सो ऽन्यतरस्यां दि पू
७ पञ्चम्यास्तसिल् पू ६९१
८ तसेश्च पू ६९१
९ पर्यभिभ्यां च पू ६९१
१० सप्तम्यास्त्रल् पू ६९१
११ इदमो हः पू ६९१
१२ किमो ऽत् पू ६९१
१३ वा ह च छन्दसि पू ६९२
१४ इतराभ्यो ऽपि दृश्यन्ते पू ६९२
१५ सर्वैकान्यकिंयत्तदः काले दा पू ६९२
१६ इदमो र्हिल् पू ६९२
१७ अधुना पू ६९२
१८ दानीं च पू ६९३
१९ तदो दा च पू ६९३ [५०५
२० तयोर्दार्हिलौ च छन्दसि उ
' १ अनद्यतने र्हिलन्यतरस्याम् पू ६९३
' २ सद्यःपरुत्परार्यैषमःपरेद्यव्यद्यपूर्वेद्युरन्येद्युरन्यतरेद्युरितरेद्युरपरेद्युरधरेद्युरुभयेद्युरुत्तरेद्युः पू ६९३
' ३ प्रकारवचने थाल् पू ६९४
' ४ इदमस्थमुः पू ६९४
' ५ किमश्च पू ६९४

है था इतौ कन्दसि ७.५.०५
७ दिक् शब्द भष: षप्तमीपञ्चमी-
प्रथमाभ्यो दिग्देशकालेष्वसाति:
पू ६८५
८ दक्षिणोत्तराभ्यामतछप् पू.६८५
९ विभाषा परावराभ्यान् पू.६८६
१० अर्वा बुक् पू ६८६
११ उपर्यु परिष्टात् पू ६८६
१२ पश्चात् पू ६८६
३ पश्च पश्च च छन्दसि ७.५.०५
४ उत्तराधरदक्षिणादाति पू ६८६
५ एनवन्यतरस्यामदूरेऽपञ्चम्या:
पू ६८६
६ दक्षिणादाच् पू ६८६
७ आहि च दूरे पू ६८७
८ उत्तराच् पू ६८७
९ पूर्वाधरावराणामसि पुरधव-
श्चेषाम् पू ६८५
४० अस्ताति च पू ६८५
१ विभाषावरस्य पू ६८५
२ सख्याया विधार्थे धा च ६८७
३ अधिकरणविचाले च पू ६८७
४ एकाद्धो ध्यमुञन्यतरस्याम्
पू ६८७
५ द्वित्रोश्च धमुञ् पू ६८८
६ एधाच् च पू ६८८
७ याप्ये पाषप् पू ६८८

८ पूरणाद्भागे तीयादन् पू
६८८ [६८८
९ प्रागेकादशभ्योऽक्तन्दसि पू
५० षष्टाद्याभ्यां ज च पू ६८९
१ आम्रप्रञ्चन्योः कनलुकौ च
पू ६९९ [६९९
२ एकादाकिनिच्चासह्ाये पू
३ भूतपूर्वे चरट् पू ६९९
४ षष्ठा रूप्य च पू ६९९
५ अतिशायने तमबिष्ठनौ पू ७००
६ तिङ्श्च पू ७००
७ द्विवचनविभज्योपपदे तरबीय-
सुनौ पू ७०१
८ अजादी गुणवचनादेव पू ७०१
९ तुम्कन्दसि पू ७०२
६० प्रगस्य ञ: पू ७०२
१ ज्य च पू ७०२
२ द्टस्य च पू ७०२
३ अन्तिकवाठयोर्नेदसाधौ पू ७०३
४ युवाल्पयो: कन्यतरस्याम् पू
७०४
५ विन्मतोर्लुक् पू ७०४
६ प्रशंसायां रूपप् पू ७०४
७ इष्टसभाप्रौ कल्पन्देश्यदेशी-
यर: पू ७०४ [ब पू ७०५
८ विभाषा सुपो बहुच् पुरस्ताल्
९ प्रकारवचने जातीयर पू ७०५

पञ्चमाध्याये द्वितीय पादे ।

७० प्रागिवात् कः पू ७०६ [पू ७०६
' १ अव्ययसर्वनाम्नामकच् प्राक्टेः
' २ कस्य च दः पू ७०६
' ३ अज्ञाते पू ७०६
' ४ कुत्सिते पू ७०६
' ५ संज्ञायां कन् पू ७०७
' ६ अनुकम्पायाम् पू ७०७
' ७ नीतौ च तद्युक्तात् पू ७०७
' ८ बह्वचो मनुष्यनाम्नष्ठज्वा पू ७०७
' ९ घन्द्विवचौ च पू ७०७ [७०८
८० प्राचामुपादेरडज्वुचौ च पू ७०८
' १ जातिनाम्नः कन् पू ७०८
' २ व्यञ्जनान्घोत्तरपदेभ्यश्च पू ७०८
' ३ ठाजादावूर्ध्वं द्वितीयादचः पू ७०९
' ४ येषश्वहपरिखाववरप्यार्यमा-दीनां द्वितीयात् पू ७०९
' ५ अल्पे पू ७०९
' ६ हुस्वे पू ७१०
' ७ संज्ञायां कन् पू ७१० [७१०
' ८ ठढीम्झ्यृयङ्डभ्यो रः पू
' ९ कुत्वा डुपच् पू ७१०
९० काण्ड्गोष्ठीभ्यां ष्टरच् पू ७१०
' १ वत्सोक्षाश्वर्षभेभ्यः तनुत्वे पू ७१० [तरच् पू ७११

' २ किंयत्तदोर्निर्धारणे द्वयोरेकस्य
' ३ वा बहूनां जातिपरिप्रश्ने डतमच् पू ७११
' ४ एकाच्च प्राचाम् पू ७११
' ५ अवक्षेपणे कन् पू ७११
' ६ इवे प्रतिकृतौ पू ७१२
' ७ संज्ञायां च पू ७१२
' ८ लुम्पुघ्ये पू ७१२
' ९ जीविकार्थे चापण्ये पू ७१२
१०० देवपथादिभ्यश्च पू ७१२
१०१ वस्तेर्ढञ् पू ७१३
१०२ शिलाया ढः पू ७१३
१०३ शाखादिभ्यो यः पू ७१३
१०४ द्रव्यं च भव्ये पू ७१३
१०५ कुशाग्राच्छः पू ७१४
१०६ समासाच्च तद्विषयात् पू ७१४
१०७ शर्करादिभ्योऽण् पू ७१४
१०८ अङ्गुल्यादिभ्यष्ठक् पू ७१४
१०९ एकशालायाश्चाज्ञ्यतरस्याम् पू ७१४
११० कर्कलोहितादीकक् पू ७१५
' ११ प्रत्नपूर्वविश्वेभ्यः थाल् छन्दसि च ५०६ [७१५
' १२ पूगाञ्ज्योऽग्रामणीपूर्वात् पू
' १३ आवस्यकज्ञोरखियाम् ७१५
' १४ व्याघ्रभूजीविसंशब्दनहवा-

हीकेष्वब्राह्मणराजन्यात् पू ७१५
‘ १५ वृकाट्टेण्यण् पू ७१५ [७१६
‘ १६ दामन्यादित्रिगर्तषष्ठाच्छः पू ७१६
‘ १७ पर्श्वादियौधेयादिभ्योऽणञौ पू ७१६
‘ १८ अभिजिद्विदभृच्छालावच्छिखावच्छमीवदूर्णावच्छ्रुमदणो यञ् पू ७१६
‘ १९ ञ्यादयस्तद्राजाः पू ७१७

चतुर्थे पादे ।

१ पादशतस्य संख्यादेर्वीप्सायां वुन् लोपश्च पू ७१७
२ दण्डव्यवसर्गयोश्च पू ७१७
३ स्थूलादिभ्यः प्रकारवचने कन् पू ७१७
४ अनत्यन्तगतौ क्तात् पू ७१८
५ न सामिवचने पू ७१८
६ वृहत्या आच्छादने पू ७१८
७ अषडक्षाशितंग्वलंकर्मालम्पुरुषाध्युत्तरपदात् खः पू ७१८
८ विभाषाञ्चेरदिक्स्त्रियाम् पू ७१९
९ जात्यन्ताच्छ बन्धुनि पू ७२०
१० स्थानान्ताद्विभाषा सस्थानेनेति चेत् पू ७२०
११ किमेत्तिङव्ययघादाम्वद्रव्यप्रकर्षे पू ७००
१२ अमु च च्छन्दसि उ ५०६
१३ अनुगादिनष्ठक् पू ७२१
१४ णचः स्त्रियामञ् उ ४४०
१५ अणिनुणः उ ४४०
१६ विसारिणो मत्स्ये पू ७२१
१७ संख्यायाः क्रियाभ्यावृत्तिगणने कृत्वसुच् पू ७२१
१८ द्वित्रिचतुर्भ्यः सुच् पू ७२२
१९ एकस्य सकृच्च पू ७२२ [पू ७२२
२० विभाषा बहोर्धाऽविप्रकृष्टकाले
‘ १ तत्प्रकृतवचने मयट् पू ७२२
‘ २ समूहवच्च बहुषु पू ७२३
‘ ३ अनन्तावसथेतिहभेषजाञ्ञ्यः पू ७२३
‘ ४ देवतान्तात् तादर्थ्ये यत् पू ७२३
‘ ५ पादार्घाभ्यां च पू ७२३
‘ ६ अतिथेर्ञ्यः पू ७२४
‘ ७ देवात् तल् पू ७२४
‘ ८ अवेः कः पू ७२४
‘ ९ यावादिभ्यः कन् पू ७२४
३० लोहितान्मणौ पू ७२४
‘ १ वर्णे चानित्ये पू ७२५
‘ २ रक्ते पू ७२५
‘ ३ कालाच्च पू ७२५
‘ ४ विनयादिभ्यष्ठक् पू ७२५
‘ ५ वाचो व्याहृतार्थायाम् पू ७२५

पञ्चमाध्यायस्य चतुर्थं पादं।

'६ तदन्ताद्कर्मणो ऽण् पू ३२६
'७ क्रोशेरजातौ पू ३२६
'८ प्रच्छादिभ्यश्च पू ३२६
'९ बदरितिलु पू ३२६
४० सक्तौ प्रशंसायाम् पू ३२६
'१ दकज्योः भ्यां तिल्लातिलौ च ऋन्दसि च ५०६
'२ वह्वच्पाय्ॅकस्य कारकादन्य— तरस्याम् पू ७२७ [७२७
'३ संख्यावचनार्थे दीपायाम् पू
'४ प्रतियोगे पञ्चम्यास्त्सिः पू "
'५ अपादाने चीहीयरको: पू "
'६ अतिप्रच्चाव्यम्वेप्पेप्वकर्त्तरि तृतीयायाः पू ७२८
'६ क्रीयमानपापभोगाच्च पू "
'८ पञ्चा व्याख्ये पू "
'९ रोगाच्चपनने पू "
५० ऽभ्वक्तियोगे सम्पद्यकर्तरि चिदु: पू ७२८
५१ स्वकर्मनष्णुचेतौरहोॅरजयं च्ञोपच पू पू ७३०
५२। विभाषा ज्ञाति: कार्तेर्यो:
'"
५३। अभिविधौ संपदा च। पू ७२१
५४। तदस्मैन्नवचने। पू ७३१
५५। देवेजाच। पू ७२९

५६। देशमनुष्यदरपुरसमौैह्यो द्वितीयाश्चप्रश्रोब्जेडवम्। पू ७२१
५७। अध्यज्ञानुदुरप्राग्जवरा— भ्रंिनितौ डाप्। ७२१
५८। ह्रस्वो द्वितीयाह्वतीयच्चवव— लात ह्रस्रो। पू ७२२ [७२२
५९। संख्यावाङ्वर युत्सानावा:।'पू ६०
६०। समयाच्च याप्तायाम्। ७३३
६१। सपत्त्रन्निष्पत्रादतिप्राथने। पू ७२९
६२। निष्कुलाविच्कोषषे। पू ७२९
६३। इब्जन्प्रियादात्ह्वोभ्य। पू७२९
६४। दुःखात् प्रातिलोभ्यं। पू ७२२
६५। म्रुर्वात् पाके। पू ७२४
६६। वन्दादयपथे। पू ७२४
६७। अन्त्रात् परिवापणे। पू ७२४
६८। समावाल्लाः। पू २२२
६९। न पूजनात्। पू ४५५
७०। कित्तः क्षेमे। पू ४५५
७९। मभ्रस्तात् स्रुपात्। पू४५५
७२। पथो विभाषा। पू ४५६
७३। बहुच्वीहौ संख्येये उन्जवद्— गण्याद। पू ४५२
७४। अच्पूरब्: पत्रामान्त पू ४५२
७५। अच प्रत्त्व्यववपूर्वात् साम— लोम्नः। पू ४५२

७६ । अञ्चेोद्दर्भगात् । पृ ४५२
७७ । अचतरविचतरछतरछतरछतरछतरछतरछीष चैत्रनद्यृर्धं श्रामवाङ्मनशविष्णु- दारमन्थोडीष्मपद्ळीवकान् दिवरा- त्रि दिवादृर्दिवसरजब नित्रे बच- पुचमावृदुच्यायुमत्रायुमर्मे वज्ञुच- ज्ञाबोच्चखोवद्धोच्ले पयुन्नोष- च्चाः । पृ ४५२
७८ । मन्द्रहितिभ्यां वर्षः । पृ ४५३
७९ । अषपनमेे अचतबहः पृ ४५४
८० । अचेोऽचवीयः श्रेयष । पृ ४५५
८१ । अन्वषपत्राष्ट्रहः पृ ५५४
८२ प्रतेिरहः सप्तमीस्यात् । पृ ४५४
८३ । अतृगवमायामे । पृ ४५४
८४ । हिचावा चिचावा वेदिः । पृ ४५४
८५ । उपपगेोदुध्वजः । पृ ४५५
८६ । तत्पुरुषप्ष्याङ्कुछेः संख्या- व्ययादेः । पृ ३८०
८७ । अहः सर्विबदेयसंख्यातपु- ण्याच रात्रेः । पृ ३८२
८८ । अज्ञो ज्ञ एतेभ्यः । पृ३८२
८९ । न संख्यादेः समाहारे । पृ३८४
९० । उत्तमैकाभ्यां च पृ ३८४

९१ । राचाङ्कः वविमत्रन् । पृ३८२
९२ । बोरवहितबुद्धि । पृ ३६६
९३ । बपाख्यावाहरनः । पृ३८४
९४ । अनोच्चावःशरवा चाति- संभयोः । पृ ३८४
९५ । पामकौटाभ्यां च तच्चे । पृ३८५
९६ । अतेः शुनः । पृ३८५
९७ । उपमानादप्राणिषु । पृ३८५
९८ । उत्तरमृगपूर्वेच सक्तुः । पृ३८५
९९ । नावो द्विगोः । पृ३८५
१०० । अर्द्धं च । पृ३८६
१०१ । खायोः प्राचाम् । पृ३८६
१०२ । द्विविभ्यामञ्छे । पृ३८६
१०३ । अनसन्तादपुंसकाच्छन्दसि पृ ५०६
१०४ । मद्राष्षो जानपदाख्या- यासु पृ३८७
१०५ । कुमद्रण्ड्रामव्यतरस्याम् । पृ ३८७
१०६ । हन्वादयुद्दषहान्तात् सभा- हारे । पृ ४८२
१०७ । अव्ययीभावे चरलप्रष्तिभ्यः । पृ३२२
१०८ । अनच्च । पृ ३१८

पञ्चमाध्यायस्य चतुर्थं पादे । ५७

१०८ । नगः कुत्सनादस्तरक्षाम्
पू ३१४ ।

११० । नदीपौर्णमास्याग्रहाय-
णीभ्यः । पू ३१५

१११ । अजः पू ३१५ ।

११२ । गिरेश्च सेनकस्य । पू ३१५

११३ । बहुव्रीहौ सक्थ्यक्ष्णोः
स्वाङ्गात् षच् । पू ४१५

११४ । अङ्गुलेर्दारुणि । पू ४१५

११५ । द्विस्तिभ्यां षो मूर्ध्नः ।
पू ४१५

११६ । अप्पूरणीप्रमाण्योः । पू ४०२

११७ । अन्तर्बहिर्भ्यां च लोम्नः ।
पू ४१५

११८ । अञ्नासिकायाः संज्ञायां
नसं चास्थूलात् । पू ४१५

११९ । उपसर्गाच्च । पू ४१६

१२० । सुप्रातसुश्वसुदिवशारिकुच-
चरिक्रष्णीपदामप्रोष्ठपदाः ।
पू ४१७

१२१ । नञ्दुःसुभ्यो हलिस-
क्थ्योरन्यतरस्याम् । पू ४१७

१२२ । निष्कुलान्निष्कोषणे । पू ४१८

१२३ । निष्प्रवाणिश्च । ज ५०६

१२४ । धर्मादनिच् केवलात् ।

पू ४१८

१२५ । अन्यतो ङीषृ तद्धितेलोमभ्यः ।
पू ४१८

१२६ । दक्षिणेर्मा लुब्ध्योगे । पू ४१९

१२७ । इच्च कर्मव्यतिहारे ।
पू ४१९

१२८ । द्वन्द्वाच्चुदषहान्तात् समाहारे । पू ४१८

१२९ । प्रसंख्यानं आसुनो गुः । पू ४२०

१३० । अनुदात्रिभाषा । पू "

१३१ । अर्धो नपुंसके । पू ३२८

१३२ । द्वन्द्वाच्च । पू ४२०

१३३ । या संज्ञायाम् । पू ४१८

१३४ । आयायानिच् । पू ४२१

१३५ । गम्भसेहुम् तिष्ठद्गुरभ्यः ।
पू ४२१

१३६ । अल्पाख्यायाम् । पू ४२१

१३७ । उपमानाच्च । पू ४२२

१३८ । पादस्य लोपोऽहस्त्या-
दिभ्यः । पू ४२२

१३९ । कुम्भपदीषु च । पू ४२२

१४० । संख्यासुपूर्वस्य । पू ४२३

१४१ । वयसि दन्तस्य दत्र ।
पू ४२३

१४२ । छन्दसि च । ज ५०६

१४३ । स्त्रियां संज्ञायाम् ।
पू ४२३

१४४ । विभाषा श्यावारोका-

श्याम् । पृ ४२१
'४५ । अपान्युध्रुश्रुश्वष्टम्वराद्येभ्यः पृ ४२१
'४६ । कऋदक्षाइवकाद्यां योगः । पृ ४२४
'४७ । निक्कवृ पर्वते । पृ ४२४
'४८ । उङिभ्यां काङ्वक्त पृ ४२४
'४९ । पूर्वोङ्गिमाषा पृ ४२४
'१५ । छह्रूह्रूतौ मिर्वाचिव्वोः पृ ४२४
'५१ । उरः प्रश्वतिभ्यः कप् । पृ ४२५
'५२ । इरः द्विकाल् । पृ ४२५
'५३ । मर्त्यस्य । पृ ४०४
'५४ । येषाङ्गिमाषा । पृ ४२५
'५५ । न संज्ञायाम् । पृ ४२६
'५६ । देववश्च । पृ ४२६
'५७ । वन्दिते आढ्यः । पृ ४२७
'५८ । क्रतम्यन्द्रसि । उ ५०६
'५९ । नाडीतन्त्योः स्वाङ्गे । पृ ४२७
'६० । निज्रवाथिव पृ ४२७

षष्ठाध्यायस्य पञ्चमे पादे ।
१ । एकाचो द्वे प्रथमस्य । उ ८
२ । अजादेर्द्वितीयस्य । उ ८
३ । न न्द्राः संयोगादयः । उ १५

४ । पूर्वोभ्यासः । उ १०
५ । उभे अभ्यस्तम् । पृ १८२
६ । अभ्यासेरूपः षट् । पृ १८३
७ । दक्षादीनां दीर्घे ऽभ्यासस्य । उ ५०७
८ । दिति धातोरनभ्यासस्य । उ६
९ । दञ्जनोः । उ १०९
१० । द्यौ । उ १२८
'११ चञ्चि । उ ६९
'१२ । दाश्वान् साह्वान् मीढ्वांश्च । उ ६१४
'१३ । व्वङः संप्रसारणं पुत्रपन्धोर्वत्सूर्यं । पृ ६६९
'१४ । वस्नुनि वन्ठवीह्नौ । पृ४६९
'१५ । वविक्षपिवक्रादीनां किति । उ १०५
'६ । अर्हिङ्ख्यावर्विख्यधिवर्दिविवर्तिश्रर्वतिपृच्छतिभृज्जतीनां ङिति च । उ १०६
'१७ । सिद्धभ्यासस्योभवेषाम् । उ १०५
'१८ । लोपेशक्ति । उ १६२
'१९ । सपिक्षमिक्लेशां यक्ति । उ २१०
२० । मयः । उ २१०
'१ । चायः की । उ २१०
'२ । स्फायः स्फो निजायाम्

षष्ठाध्यायस्य प्रथम पादे । ५९

उ ३५२

'३ । स्त्यः प्रपूर्वस्य । उ ३५०

'४ । द्रवमूर्तिस्पर्शयोः श्यः ।
उ ३४८

'५ । प्रतेश्च । उ ३४८

'६ । विभाषाभ्यवपूर्वस्य । उ३४८

'७ । शृतं पाके । उ ३५८

'८ । प्यायः पी । उ ३६९

'९ । लिड्यङोश्च । उ ६६

३० । विभाषा श्वेः । उ १०८

'१ । णौ च संश्चङोः उ १९५

'३२ । ह्वः संप्रसारणम् । उ१९२

'३ । अभ्यस्तस्य च । उ १०७

'४ बहुलं छन्दसि उ ५०७

'५ । चायः की । उ ५०७

'६ । अपस्पृधेथामानृचुरानृहु-
श्चिच्युषेतित्याजश्राताश्रितमाशीरा-
शीर्त्ताः उ ५०७ [६६१

३७ । न संप्रसारणे संप्रसारणम् ।

३८ । लिटि वयो यः । उ १०७

'९ । वश्चास्यान्यतरस्यां किति ।
उ१०७

४० । वेञः । उ १०७

'१ । ल्यपि च । उ ४६६

'२ ज्यश्च उ ४६६

'३ । व्यश्च । उ ४६६

'४ । विभाषा परेः उ ४६६

'५ । आदेच उपदेशेऽशिति ।
उ ९४

'६ न व्यो लिटि उ १०७

'७ । स्फुरतिस्फुलत्योर्घञि ।
उ ४२४

'८ । क्रीङ्जीनां णौ । उ१९५

'९ । सिध्यतेरपारलौकिके उ१९५

५० । मीनातिमिनोतिदीङां ल्यपि
च । उ १२४

५१ । विभाषा लीयतेः । उ १२५

५२ । खिदेश्छन्दसि । उ ५०८

५३ । अपगुरो णमुलि । उ ४७४

५४ चिस्फुरोर्णौ । उ १७४

५५ प्रजने वीयतेः उ १९६

५६ बिभेतेर्हेतुभये उ १९४

५७ नित्यं स्मयतेः उ १९४

५८ सृजिदृशोर्झल्यमकिति उ१०४

५९ अनुदात्तस्य चर्दुपधस्यान्यतर-
स्याम् उ१०२

६० शीर्षंश्छन्दसि उ ५०८

६१ ये च तद्धिते पू ६२६

६२ । *अचि शीर्षः पू ६२६

६३ पद्दन्नोमास्हृन्निशसन्यूषन्दोष-
न्यकञ्छकन्नुदन्नासञ्छस्प्रभृतिषु ।

---

* इदं तु वार्त्तिकरूपतया कौ-
मुदीकृता धृतम् ।

पू १०४
६४ धात्वादेः षः सः उ ३४
६५ णो नः उ ४१
६६ लोपो व्योर्वलि पू ४२१
६७ वेरपृक्तस्य पू १६४
६८ हल्ङ्याब्भ्यो दीर्घात् सुतिस्यपृक्तं हल् पू १११
६९ एङ्ह्रस्वात् संबुद्धेः पू ८९
७० शेश्छन्दसि बहुलम् उ ५०८
‘ १ ह्रस्वस्य पिति कृति तुक् उ २०५
‘ २ संहितायाम् पू ७०
‘ ३ छे च पू ७०
‘ ४ आङ्माङोश्च पू ७०
‘ ५ दीर्घात् पू ७०
‘ ६ पदान्ताद्वा पू ७१
‘ ७ इको यणचि पू ३२
‘ ८ एचोऽयवायावः पू ३९
‘ ९ वान्तो यि प्रत्यये पू ३९
८० धातोस्तन्निमित्तस्यैव पू ४०
‘ १ क्षय्यजय्यौ शक्यार्थे पू ४१
‘ २ क्रय्यस्तदर्थे पू ४१
‘ ३ भय्यप्रवय्ये च च्छन्दसि उ ५०८
‘ ४ एकः पूर्वपरयोः पू ४२
‘ ५ अन्तादिवच्च पू ४६
‘ ६ षत्वतुकोरसिद्धः उ ४६४
‘ ७ आद्गुणः पू ४२
‘ ८ वृद्धिरेचि पू ४३
‘ ९ एत्येधत्यूठ्सु पू ४३
९० आटश्च पू ११७
‘ १ उपसर्गादृति धातौ पू ४५
‘ २ वा सुप्यापिशलेः पू ४६
‘ ३ औतोऽम्शसोः पू १२५
‘ ४ एङि पररूपम् पू ४७
‘ ५ ओमाङोश्च पू ४८
‘ ६ उस्यपदान्तात् उ १७
‘ ७ अतो गुणे पू ८८
‘ ८ अव्यक्तानुकरणस्यात इतौ पू ४८
‘ ९ नाम्रेडितस्यान्त्यस्य तु वा पू ४८
१०० *नित्यमाम्रेडिते डाचि पू ७१२
‘ ०१ अकः सवर्णे दीर्घः पू ४९
‘ ०२ प्रथमयोः पूर्वसवर्णः पू ७७
‘ ०३ तस्माच्छसो नः पुंसि पू ९०
‘ ०४ नादिचि पू ७७
‘ ०५ दीर्घाज्जसि च पू १०७
‘ ०६ वा छन्दसि उ ५०८
‘ ०७ अमि पूर्वः पू ९०
‘ ०८ संप्रसारणाच्च पू १४८
‘ ०९ एङः पदान्तादति पू ५०
‘ १० ङसिङसोश्च पू ११०
‘ ११ ऋत उत् पू ११२

---

*इदं सूत्रं वार्त्तिकसूत्रतया कौमुदी कृता धृतम् ।

‘१२ ख्यत्यात् परस्य पू १२२
११३ अतो रोरप्लुतादप्लुते पू७७
‘ १४ हशि च पू ७८
‘ १५ प्रकृत्यान्तःपादमव्यपरे उ५०९
‘१६ अव्यादवद्यादवक्रमुरव्रतायमवन्त्ववस्युषु च उ ५०९
‘ १७ यजुष्युरः उ ५०९
‘ १८ आपोजुषाणोवृष्णोवर्षिष्ठेऽम्बेऽम्बालेऽम्बिकेपूर्वे उ ५१०
‘ १९ अङ्ग इत्यादौ च उ ५१०
१२० अनुदात्ते च कुधपरे उ५१०
‘ २१ अवपथासि च उ ५१०
‘ २२ सर्वत्र विभाषा गोः पू ५०
‘ २३ अवङ् स्फोटायनस्य पू ५१
१२४ इन्द्रे च नित्यम् पू ५१
‘२५ प्लुतप्रगृह्या अचि पू ५१
‘२६ आङोऽनुनासिकश्छन्दसि उ ५१० [ह्रस्वश्च पू ५२
‘२७ इको ऽसवर्णे शाकल्यस्य
‘२८ ऋत्यकः पू ५२
‘२९ अप्लुतवदुपस्थिते पू ५४
१३० ई३ चाक्रवर्मणस्य पू ५५
‘३१ दिव उत् पू १५०
‘ ३२ एतत्तदोः सुलोपोऽकोरनञ्समासे हलि पू ८२
‘ ३३ स्यश्छन्दसि बहुलम् उ५११
‘ ३४ सोऽचि लोपे चेत् पादपूरणम् पू ८२
‘ ३५ सुट् कात् पूर्वः उ १६२
‘ ३६ अडभ्यासव्यवायेऽपि *
‘ ३७ संपर्युपेभ्यः करोतौ भूषणे उ १६२
‘ ३८ समवाये च उ १६२
‘ ३९ उपात् प्रतियत्नवैकृतवाक्याध्याहारेषु उ १६२
‘ ४० किरतौ लवने उ १५४
‘ ४१ हिंसायां प्रतेश्च उ १५५
‘४२ अपाच्चतुष्पाच्छकुनिष्वालेखने उ २४२
‘ ४३ कुस्तुम्बुरूणि जातिः पू ४८४
‘ ४४ अपरस्पराः क्रियासातत्ये पू ४८४
‘ ४५ गोष्पदं सेवितासेवितप्रमाणेषु पू ४८४
‘ ४६ आस्पदं प्रतिष्ठायाम् पू ४८५
‘ ४७ आश्चर्यमनित्ये पू ४८५
‘ ४८ वर्चस्केऽवस्करः पू ४८५
‘ ४९ अपस्करो रथाङ्गम् पू ४८५
१५० विष्किरः शकुनिर्विकिरो वा

---

*इदं वार्त्तिकतया (उ १५५ पृ० कौमुद्यां धृतम्

पू ४७५ [६।१

' ५१ ह्रस्वाच्चन्द्रोत्तरपदे मन्त्रे उ

' ५२ प्रतिष्कशश्च कशेः पू ४८६

' ५३ प्रस्कण्वहरिश्चन्द्रावृषी पू ४८६

' ५४ मस्करमस्करिणौ वेणुपरिव्राजकयोः पू ४८६

' ५५ कास्तीराजस्तुन्दे नगरे पू ४८

' ५६ कारस्करो वृक्षः पू ४८७

' ५७ पारस्करप्रभृतीनि च संज्ञायाम् पू ४८७ [५२८

' ५८ अनुदात्तं पदमेकवर्जम् उ

' ५९ कर्षात्वतो घञोऽन्त उदात्तः उ ५४६

१६० उञ्छादीनां च उ ५४६

' ६१ अनुदात्तस्य च यत्रोदात्तलोपः उ ५२९

' ६२ धातोः उ ५४४

' ६३ चितः उ ५५९

' ६४ तद्धितस्य उ ५५९

' ६५ कितः उ ५६०

' ६६ तिसृभ्यो जसः उ ५?०

' ६७ चतुरः शसि उ ५४६

' ६८ सावेकाचस्तृतीयादिविभक्तिः उ ५६०

' ६९ अन्तोदात्तादुत्तरपदादन्यतरस्यामनित्यसमासे उ ५६०

१७० अञ्चेश्छन्दस्यसर्वनामस्थानम्

उ ५६० [पू ५६

' ७१ ऊडिदंपदाद्यप्पुम्रैद्युभ्यः

' ७२ अष्टनो दीर्घात् उ ५६१

' ७३ शतुरनुमो नद्यजादी उ ५६१

' ७४ उदात्तयणो हल्पूर्वात् उ ५६१

' ७५ नोङ्धातोः उ ५६२

' ७६ ह्रस्वनुड्भ्यां मतुप् उ ५६२

' ७७ नामन्यतरस्याम् उ ५६२

' ७८ ङ्याश्छन्दसि बहुलम् उ ५६२

' ७९ षट्त्रिचतुर्भ्यो हलादिः उ ५६३

१८० झल्युपोत्तमम् उ ५४६

' ८१ विभाषा भाषायाम् उ५४७

' ८२ न गोश्वन्साववर्णराडङ्क्रुङ्कृद्भ्यः उ ५६२

' ८३ दिवो झल् उ ५६३

' ८४ नृ चान्यतरस्याम् उ ५६२

' ८५ तित्स्वरितम् उ ५६२

' ८६ तास्यनुदात्तेन्ङिददुपदेशाल्लसार्वधातुकमनुदात्तमह्न्विङोः उ ५६४ [उ ५६४

' ८७ आदिः सिचोऽन्यतरस्याम्

' ८८ स्वपादिर्हिंसामच्यनिटि उ ५४४

' ८९ अभ्यस्तानामादिः उ ५४४

षष्ठाध्यायस्य द्वितीये पादे । ६९

१९० अनुदात्ते च उ ५४१
‘ ९१ सर्वस्य सुपि उ ५४७
‘ ९२ भीह्रीभृहुमदजनधनदरिद्राजागरां प्रत्ययात् पूर्वं पिति उ ५४५
‘ ९३ लिति उ ५४५
‘ ९४ आदिर्णमुल्यन्यतरस्याम् उ ५४१
‘ ९५ अचः कर्तृयकि उ ५४५
‘ ९६ थलि च सेटीडन्तो वा उ ५६४
‘ ९७ ञ्नित्यादिर्नित्यम् उ ५४७
‘ ९८ आमन्त्रितस्य च उ ५३९
‘ ९९ पथिमथोः सर्वनामस्थाने उ ५४७
२०० अन्तश्च तवै युगपत् उ ५४८
२०१ क्षयो निवासे उ ५४८
‘ ०२ जयः करणम् उ ५४८
‘ ०३ वृषादीनां च उ ५४८
‘ ०४ संज्ञायामुपमानम् उ ५४८
‘ ०५ निष्ठा च द्व्यजनात् उ ५४८
‘ ०६ शुष्कधृष्टौ उ ५४९
‘ ०७ आशितः कर्ता उ ५४९
‘ ०८ रिक्ते विभाषा उ ५४८
‘ ०९ जुष्टार्पिते च छन्दसि उ ५४९
२१० नित्यं मन्त्रे उ ५४९
‘ ११ युष्मदस्मदोर्ङसि उ ५५०
‘ १२ ङयि च उ ५५०
‘ १३ यतोऽनावः उ ५५० [५५०
‘ १४ ईडवन्दवृशंसदुहां ण्यतः उ
‘ १५ विभाषा वेण्विन्धानयोः उ ५५०
‘ १६ त्यागरागहासकुहश्वठक्रथानाम् उ ५५१
‘ १७ उपोत्तमं रिति उ ५६४
‘ १८ चङ्यन्यतरस्याम् उ ५४५
‘ १९ मतोः पूर्वमात् संज्ञायां स्त्रियाम् उ ५५१
२२० अन्तोऽवत्याः उ ५५१
‘ २१ ईवत्याः उ ५५१
‘ २२ चौ उ ५३९
‘ २३ समासस्य उ ५६५

—०—

षष्ठाध्यायस्य द्वितीये पादे ।

१ बहुव्रीहौ प्रकृत्या पूर्वपदम् उ ५६५
२ तत्पुरुषे तुल्यार्थतृतीयासप्तम्युपमानाव्ययद्वितीयाकृत्याः उ ५६५
३ वर्णो वर्णेष्वनेते उ ५६५
४ गाधलवणयोः प्रमाणे उ ५६५
५ दायाद्यं दायादे उ ५६६
६ प्रतिबन्धि चिरकृच्छ्रयोः उ ५६६
७ पदेऽपदेशे उ ५६६

हीकेष्वब्राह्मणराजन्यात् पू ७१५
' १५ वृकाट्टेण्यण् पू ७१५ [७१६
' १६ दामन्यादित्रिगर्तषष्ठाच्छः पू
' १७ पर्श्वादियौधेयादिभ्योऽणञौ पू ७१६
' १८ अभिजिद्विदभृच्छालावच्छिखावच्छमीवदूर्णावच्छ्रुमदणो यञ् पू ७१६
' १९ ञ्यादयस्तद्राजाः पृ ७१७

चतुर्थ पादे ।

१ पादशतस्य संख्यादेर्वीप्सायां वुन् लोपश्च पू ७१७
२ दण्डव्यवसर्गयोश्च पू ७१७
३ स्थूलादिभ्यः प्रकारवचने कन् पू ७१७
४ अनत्यन्तगतौ क्तात् पू ७१८
५ न सामिवचने पू ७१८
६ बृहत्या आच्छादने पू ७१८
७ अषडक्षाशितङ्ग्वलंकर्मालम्पुरुषाध्युत्तरपदात् खः पू ७१८
८ विभाषाञ्चेरदिक्स्त्रियाम् पू ७१९
९ जात्यन्ताच्छ बन्धुनि पू ७२०
१० स्थानान्ताद्विभाषा सस्थानेनेति चेत् पू ७२०
११ किमेत्तिङव्ययघादाम्वद्रव्यप्रकर्षे पू ७००
१२ अमु च छन्दसि उ ५०६
१३ अनुगादिनष्ठक् पू ७२१
१४ णचः स्त्रियामञ् उ ४४०
१५ अणिनुणः उ ४४०
१६ विसारिणो मत्स्ये पू ७२१
१७ संख्यायाः क्रियाभ्याटत्तिगणने कृत्वसुच् पू ७२१
१८ द्वित्रिचतुर्भ्यः सुच् पू ७२२
१९ एकस्य सकृच्च पू ७२२ [पू ७२३
२० विभाषा बहोर्धा विप्रकृष्टकाले
' १ तत्प्रकृतवचने मयट् पू ७२२
' २ समूहवच्च बहुषु पू ७२३
' ३ अनन्तावसथेतिहभेषजाञ्ञ्यः पू ७२३
' ४ देवतान्तात् तादर्थ्ये यत् पू ७२३
' ५ पादार्घाभ्यां च पू ७२३
' ६ अतिथेर्ञ्यः पू ७२४
' ७ देवात् तल् पू ७२४
' ८ अवेः कः पू ७२४
' ९ यावादिभ्यः कन् पू ७२४
३० लोहितान्मणौ पू ७२४
' १ वर्णे चानित्ये पू ७२५
' २ रक्ते पू ७२५
' ३ कालाच्च पू ७२५
' ४ विनयादिभ्यष्ठक् पू ७२५
' ५ वाचो व्याहृतार्थायाम् पू ७२५

पञ्चमाध्यायस्य चतुर्थं पादं ।

६ तत्रुक्तात्र कर्मणो ऽण् पू ३२६
७ ओम्फेर्जातौ पू ७२६
८ प्रज्ञादिभ्यश्च पू ३२६
९ बदरितिकन् पू ३२६
१० सप्तौ प्रथमायाम् पू ३२६
११ इकज्योष्टाभ्यां तिङ्तितिङौ च ज्न्दसि च ५०६
१२ वह्वल्पार्थाच्छस् कारकादन्यत् रख्याम् पू ३२७ [७२७
१३ संख्यैकवचनाच्च वीप्सायाम् पू "
१४ प्रतियोगे पञ्चम्यास्तसिः पू "
१५ अपादाने चाहीयरुहोः पू "
१६ अतिपश्चाव्यचनक्षेपेष्वकर्तरि तृतीयायाः पू ७२८
१७ क्रीयमानापयोगाम् पू "
१८ पञ्च्या व्यास्रवे पू "
१९ रोगाक्षापनयने पू "
५० हस्तियोगे सम्प्रद्यर्थं दिचिः पू ७२८
५१ स्वधर्मेनयज्ञश्च तौरहौरजयर्थं चोपच पू पू ७३०
५२ । विभाषा ख्याति वार्तकुमें । पू "
५३ । अभिविधौ संपदा च । पू७३१
५४ तद्क्षीनवचने । पू ७३१
५५ देये वाच । पू ७३१

५६ । देयमनुष्यदृष्यदरयमिव ष्टो द्वितीयाच्छप्रम्योर्बङ्करुम् । पू ७३१
५७ । अव्यक्तानुट्कर्षायहूजवरा-भ्रदनितो डाच् । ७३१
५८ । द्वाभ्यो द्वितीयान्तीयाच्यम्बीयाव् हन्यौ । पू ७२२ [७१२
५९ । संख्यायाच गुथान्नायाः । पू
६० । समयाच यापनायाम् । ७३१
६१ । सपत्रनिष्पत्रादितक्षियणे । पू ७३१
६२ । निम्म् वादिभिन्नोपये । पू७३१
६३ । इग्विवादाद्वोपये । पू७३१
६४ । दुःखात् प्रातिलोप्ये । पू७३२
६५ । न्यङ्वात् पाके । पू ७३४
६६ । पन्थाद्यपये । पू ७३४
६७ । नक्षत्रात् परिणापये । पू७३४
६८ रहान्तात् । पू ११३
६९ । न पूजनात् । पू ४५५
७० । व्रिमः ख्येये । पू ४५५
७१ । मख्यातु अघान् । पू४५५
७२ । पथो विभाषा । पू ४५६
७३ । बह्वीष्ठो संख्येय उजवक्तगच्याव् । पू ४५१
७४ । अङ्ग् परव्यः पथामान्ते पू ४५२
७५ । अण् प्रश्नवचपूर्वात् साम्रोह्यः । पू ४५२

७६ । अक्षोऽदर्यगात्। पृ ४५२

७७ । अचतुरविचतुरसुचतुरस्त्रीपुंस-
ध्वन्यनडुहर्क्सामवाङ्मनसाक्षिभ्रु-
वाराजधौरीछप्रठीवच्चक्ष्णं दिवरा-
त्रिदिवाहृदिवसरजसनिश्चवस-
पुरुषायुषद्व्यायुषत्र्यायुषर्ग्यजुष-
जातोक्षमहोक्षवृद्धोक्षे पशुमगोष्-
ठाः। पृ ४५२

७८ । ब्रह्महस्तिभ्यां वर्चसः।
पृ ४५३

७९ । अवसमन्धेभ्यस्तमसः। पृ ४५४

८० । श्वसोऽवस्नीयः श्रेयसः।
पृ ४५४

८१ । अन्यतप्राद्वृसः। पृ ५५४

८२ । प्रतेरस्रः सप्तमीस्थात्। पृ ४५४

८३ । अतुगवमायामे। पृ ४५४

८४ । द्विस्तावा त्रिस्तावा वेदिः।
पृ ४५४

८५ । उपसर्गाद्ध्वनः। पृ ४५५

८६ । तत्पुरुष्यङ्ङुक्तेः संख्या-
व्ययादेः। पृ ३८०

८७ । बहुः सर्वैकदेशसंख्यातपु-
ण्याच्च रात्रेः। पृ ३८२

८८ । अङ्गो ऽङ्ग एतेभ्यः। पृ ३८२

८९ । न संख्यादेः समाहारे।
पृ ३८४

९० । उत्तमैकाभ्यां च पृ ३८४

९१ । राजाहः सखिभ्यष्टच्।
पृ ३८२

९२ । गोरतद्धितलुकि। पृ २५६

९३ । अप्राख्यावाहरसः। पृ ३८४

९४ । अनोऽस्मायःसरसां जाति-
संज्ञयोः। पृ ३८४

९५ । ग्रामकौटाभ्यां च तक्ष्णः।
पृ ३८५

९६ । अतेः शुनः। पृ ३८५

९७ । उपमानादप्राणिषु। पृ ३८५

९८ । उत्सरङ्गपूर्वाच्च सक्थुः।
पृ ३८५

९९ । नाद्यो द्विगोः। पृ २८५

१०० । अह्नष्च। पृ ३८६

१०१ । ख्वायाः प्राचाम्। पृ ३८६

१०२ । द्वित्रिभ्यामष्णे। पृ ३८६

१०३ । अमसन्तादुंसकाच्छन्दसि
उ ५०६

१०४ । ब्रह्मष्णो जानपदाख्या-
याम् पृ ३८७

१०५ । कुमहद्भ्रामन्यतरस्याम्।
पृ ३८७

१०६ । इन्द्राष्टूदभ्रान्तात् समा-
हारे। पृ ४८२

१०७ । अव्ययीभावे शरत्प्रभृतिभ्यः।
पृ ३३२

१०८ । अनश्च। पृ ३१४

पञ्चमाध्यायस्य चतुर्थे पादे । ५७

१०८ । नञ्स्नञ्कादन्तरस्यात्
पू ३१४

११० । नदीपौर्णमास्याग्रहाय-
णीभ्यः। पू ३१५

१११ । अन्यः पू ३१५

१२ । मिरेष सेनकस्य । पू ३१५

१३ । बहुव्रीहौ सङ्ख्ययोः
साक्षात् यत् । पू ४१४

१४ । अङ्गवेदांरपि । पू ४१५

१५ । द्वितिर्भ्यां वो सूम्नः ।
पू ४१५

१६ अप्रन्यूरुष्ठीप्रमाख्यो: पू ४०१

१७ । अन्तर्वत्पत्यां च सोढ्न: ।
पू ४१५

१८ । अणृनासिकायाः संज्ञायां
नसं चास्यात् । पू ४१५

१९ । उपसर्गांच् । पू ४१६

१२० । सुप्रातसुश्वसुदिवशारिकुश्र-
चतुरश्वयीपदाजपद प्रोष्ठपदाः ।
पू ४१७

२१ । नञ्दुःसुभ्यो हलिस-
क्थ्योरन्यतरस्याम् । पू ४१७

२२ । निष्प्रवाणिच् प्रज्ञामेधयोः ।
पू ४१८

२३ । बहुप्रज्ञास्वन्दसि ।
उ ५.०६

२४ । धर्मांदनिच् केवलात् ।

पू ४१८

२५ । अन्या ऋदुरितर्त्तलोमभ्यः ।
पू ४१९

२६ दचिव्येमो लुक्वोगे । पू४१९

२७ । ऋच् कर्मव्यतिहारे ।
पू ४१९

२८ । दिरवचनादिभ्यश । पू४१९

२९ । प्रसंख्यानं आख्यनो न: पू४२०

३० । जनहिम्ताषा । पू

३१ । अधो अहङ् । पू ३२९

३२ । बहुव्रष्य । पू ४२०

३३ । वा संज्ञायाम् । पू ४२९

३४ । आयायानिङ् । पू ४२१

३५ । गम्यछेदनतिष्ठसुरमिस्भः
पू ४२१

३६ । आख्यायाम् । पू ४२२

३७ । उपमानाच । पू ४२२

३८ । पादस्य लोपो अहस्त्या-
दिभ्यः पू ४२२

३९ । कुम्भपदीषु च । पू ४२२

४० । संख्यासुपूर्वस्य । पू ४२३

४१ । वयसि दन्तस्य दत् ।
पू ४२३

४२ । छन्दसि च । उ ५.०६

४३ । स्त्रियां संज्ञायाम् ।
पू ४२३

४४ । विभाषा श्यावारोका-

ष्याम् । पृ ४२३

४५ । अपान्युप्सृष्टमष्टमवराचे-
ष्यं पृ ४२३

४६ । ककुदस्यावस्थायां लोपः ।
पृ ४२४

४७ । त्रिककुद् पर्वते । पृ ४२४

४८ । उद्विभ्यां काकुदस्य पृ४२४

४९ । पूर्वोत्तिभाषा पृ ४२४

१५ । हृद्हृच्छू दौ मित्वामि-
चयोः । पृ४२४

५१ । उरः प्रभृतिभ्यः कप् ।
पृ ४२५

५२ । इनः स्त्रिकाम् । पृ४२५

५३ । गव्यद्य । पृ ४०४

५४ । येणाद्विभाषा । पृ४२५

५५ । न संख्यायाम् । पृ ४२६

५६ । ईवस्य । पृ ४२६

५७ । वन्दिते भाडः । पृ४२७

५८ । ह्रतम्कन्दसि । उ ५०६

५९ । नाडीतन्त्र्योः साङ्गें ।
पृ ४२७

६० । निष्प्रवाणिश्च पृ ४२७

——

षष्ठाध्यायस्य पञ्चमे पादे ।

१ । एकाचो द्वे प्रथमस्य । उ ९

२ । अजादेर्द्वितीयस्य । उ ९

३ । न न्द्राः संयोगादयः । उ १५

४ । पूर्वोभ्यासः । उ १०

५ । उभे अभ्यस्तम् । पृ १२६

६ । अधिष्ठहः षट् । पृ १८३

७ । य्वाद्योनां दीर्घे स्वायस्य ।
उ ९०७

८ । दिति धातोरन्नभ्यासस्य । उ ९६

९ । हक्तो । उ १०९

१० । ह्नौ । उ १२८

११ । यङि । उ ६९

१२ । दांधान् शाङान् घीदृश ।
उ ५२४

१३ । व्यङः संप्रसारणं पुत्रपत्यो-
रत्पूर्वम् । पृ ४६८

१४ । वस्नुनि कृञ्मधौ । पृ४६९

१५ । नचिक्तपियजादीनां किति ।
उ १०५

१६ । स्कृच्छ्राद्विर्द्विर्विदिविपति-
वृक्षितिपृक्षतिमृक्षतीनां किति च ।
उ १०६

१७ । लिङ्याभ्यस्खोभवेद्याम् ।
उ १०५

१८ । सापेक्षति । उ १६२

१९ । सपिसृभिक्षेगां यङि ।
उ २१०

२० । भजः । उ २१०

१ । चायः की । उ २१०

२ । स्कायः स्तो निजायाम्

षष्ठाध्यायस्य प्रथम पादे । ५९

उ ३५२

'३ । ष्यः प्रपूर्वस्य । उ २५०

'४ । द्रवमूर्तिस्पर्शयोः श्यः । उ ३४८

'५ । प्रतेश्च । उ ३४८

'६ । विभाषाभ्यवपूर्वस्य । उ३४८

'७ । शृतं पाके । उ ३५८

'८ । प्यायः पी । उ ३६९

'९ । लिङ्यङोश्च । उ ३६६

३० । विभाषाश्वेः । उ १०८

'१ । णौ च संश्चङोः उ १९५

'३२ । ह्वः संप्रसारणम् । उ१९२

'३ । अभ्यस्तस्य च । उ १०७

'४ बहुलं छन्दसि उ ५०७

'५ । चायः की । उ ५०७

'६ । अपस्पृधेथामानृचुरानृहुश्चिच्युषेतित्याजश्राताश्रितमाशीराशीर्त्ताः उ ५०७ [८६१

३७ । न संप्रसारणे संप्रसारणम् ।

३८ । लिटि वयो यः । उ १०७

'९ । वश्चास्यान्यतरस्यां किति । उ१०७

४० । वेञः । उ १०७

'१ । ल्यपि च । उ ४९६

'२ ज्यश्च उ ४९६

'३ । व्यश्च । उ ४९६

'४ । विभाषा परेः उ ४९६

'५ । आदेच उपदेशेऽशिति । उ ९४

'६ न व्यो लिटि उ १०७

'७ । स्फुरतिस्फुलत्योर्घञि । उ ४२४

'८ । क्रीङ्जीनां णौ । उ१९५

'९ । सिध्यतेरपारलौकिके उ१९५

५० । मीनातिमिनोतिदीङां ल्यपि च । उ १२४

५१ । विभाषा लीयतेः । उ १३५

५२ । खिदेश्छन्दसि । उ ५०८

५३ । अपगुरो णमुलि । उ ४७४

५४ चिस्फुरोर्णौ । उ १७४

५५ प्रजने वीयतेः उ १९६

५६ बिभेतेर्हेतुभये उ १९४

५७ नित्यं स्मयतेः उ १९४

५८ सृजिदृशोर्झल्यमकिति उ१०४

४९ अनुदात्तस्य चर्दुपधस्यान्यतरस्याम् उ१०३

६० शीर्षंश्छन्दसि उ ५०८

६१ ये च तद्धिते पू ६२९

६२ । *अचि शीर्षः पू ६२६

६३ पद्दन्नोमास्हृन्निशसन्यूषन्दोषन्यकञ्छकन्नुदन्नासञ्छस्प्रभृतिषु ।

---

* इदं तु वार्त्तिकमस्ति तथा कौमुदीकृता धृतम् ।

पू ४७५ [५११
‘ ५१ ह्रस्वाच्चन्द्रोत्तरपदे मन्त्रे उ
‘ ५२ प्रतिष्कशश्च कशेः पू ४८६
‘ ५३ प्रस्कण्वहरिश्चन्द्रावृषी पू ४८६
‘ ५४ मस्करमस्करिणौ वेणुपरिव्राजकयोः पू ४८६
‘ ५५ कास्तीराजस्तुन्दे नगरे पू ४८
‘ ५६ कारस्करो वृक्षः पू ४८७
‘ ५७ पारस्करप्रभृतीनि च संज्ञायाम् पू ४८७ [५२८
‘ ५८ अनुदात्तं पदमेकवर्जम् उ
‘ ५९ कर्षात्वतो घञोऽन्त उदात्तः उ ५४६
१६० उञ्छादीनां च उ ५४६
‘ ६१ अनुदात्तस्य च यत्रोदात्तलोपः उ ५२९
‘ ६२ धातोः उ ५४४
‘ ६३ चितः उ ५५९
‘ ६४ तद्धितस्य उ ५५९
‘ ६५ कितः उ ५६०
‘ ६६ तिसृभ्यो जसः उ ५६०
‘ ६७ चतुरः शसि उ ५४६
‘ ६८ सावेकाचस्तृतीयादिर्विभक्तिः उ ५६०
‘ ६९ अन्तोदात्तादुत्तरपदादन्यतरस्यामनित्यसमासे उ ५६०
१७० अञ्चेश्छन्दस्यसर्वनामस्थानम्

उ ५६० [पू ५६
‘ ७१ ऊडिदंपदाद्यप्पुम्रैद्युभ्यः
‘ ७२ अष्टनो दीर्घात् उ ५६१
‘ ७३ शतुरनुमो नद्यजादी उ ५६१
‘ ७४ उदात्तयणो हल्पूर्वात् उ ५६१
‘ ७५ नोङ्धात्वोः उ ५६२
‘ ७६ ह्रस्वनुड्भ्यां मतुप् उ ५६२
‘ ७७ नामन्यतरस्याम् उ ५६२
‘ ७८ ङ्याश्छन्दसि बहुलम् उ ५६२
‘ ७९ षट्त्रिचतुर्भ्यो हलादिः उ ५६३
१८० झल्युपोत्तमम् उ ५४६
‘ ८१ विभाषा भाषायाम् उ ५४७
‘ ८२ न गोश्वन्साववर्णराडङ्क्रुङ्कृद्भ्यः उ ५६२
‘ ८३ दिवो झल् उ ५६३
‘ ८४ नृ चान्यतरस्याम् उ ५६२
‘ ८५ तित्स्वरितम् उ ५६२
‘ ८६ तास्यनुदात्तेन्ङिददुपदेशाल्लसार्वधातुकमनुदात्तमह्न्विङोः उ ५६४ [उ ५६४
‘ ८७ आदिः सिचोऽन्यतरस्याम्
‘ ८८ स्वपादिर्हिंसामच्यनिटि उ ५४४
‘ ८९ अभ्यस्तानामादिः उ ५४४

षष्ठाध्यायस्य द्वितीये पादे । ६१

१६० अनुदात्ते च उ ५४५
' ६१ सर्वस्य सुपि उ ५१७
' ६२ भौङ्गीष्ठकुसुमदजगधवदरिङ्ग्रा-
आगरां प्रत्ययात् पूर्वं पिति उ५४५
' ६३ क्लिति उ ५४५
' ६४ आदिर्णमुल्यन्यतरस्याम् उ
५४५ .
' ६५ अचः कर्तृयकि उ ५४५
' ६६ थलि च सेटीडन्तो वा उ५६४
' ६७ जितादिर्नित्यम् उ ५४७
' ६८ आमन्त्रितस्य च उ५ २६
' ६९ पथिमथोः सर्वनामस्थाने
उ ५४७
२७० अन्तश्च तवै युगपत् उ ५४८
२०१ क्षयो निवासे उ ५४८
' ०२ जयः करणम् उ ५४८
' ०३ वृषादीनां च उ ५४८
' ०४ संज्ञायामुपमानम् उ ५४८
' ०५ निष्ठा च द्व्यजनात् उ५४८
' ०६ शुष्कधृष्टौ उ ५४९
' ०७ आशितः कर्ता उ ५४९
' ०८ रिक्ते विभाषा उ ५४८
' ०९ जुष्टार्पिते च च्छन्दसि उ
५४९
२१० नित्यं मन्त्रे उ ५४९
' ११ युष्मदस्मदोर्ङसि उ ५५०
' १२ ङयि च उ ५५०
' १३ यतो ऽनावः उ५५०[५५०
' १४ ईडवन्दवृशंसदुहां ण्यतः उ
' १५ विभाषा वेण्विन्धानयोः उ
५५०
' १६ त्यागरागहासकुहश्वठक्रथा-
नाम् उ ५५१
' १७ उपोत्तमं रिति उ ५६४
' १८ चङ्यन्यतरस्याम् उ५४५
' १९ मतोः पूर्वमात् संज्ञायां स्त्रि-
याम् उ ५५१
२२० अन्तो ऽवत्याः उ ५५१
' २१ ईवत्याः उ ५५१
' २२ चौ उ ५२६
' २३ समासस्य उ५६५

—०—

षष्ठाध्यायस्य द्वितीये पादे ।

१ बहुव्रीहौ प्रकृत्या पूर्वपदम् उ
५६५
२ तत्पुरुषे तुल्यार्थतृतीयासप्त-
म्युपमानाव्ययद्वितीयाकृत्याः उ
५६५
३ वर्णो वर्णेष्वनेते उ ५६५
४ गाधलवणयोः प्रमाणे उ ५६५
५ दायाद्यं दायादे उ ५६६
६ प्रतिबन्धि चिरकृच्छ्रयोः उ५६६
७ पदे ऽपदेशे उ ५६६

८ निवाते वातत्राणे उ ५६६
९ शारदे ऽनार्तवे उ ५६७
१० अध्वर्युकषाययोर्जातौ उ५६७
' १ सदृशप्रतिरूपयोः सादृश्ये उ ५६७
' २ द्विगौ प्रमाणे उ ५६८
' ३ गन्तव्यपण्यं वाणिजे उ५६८
' ४ मात्रोपज्ञोपक्रमच्छाये नपुंसके उ ५६८
' ५ सुखप्रिययो र्हिते उ ५६८
' ६ प्रीतौ च उ ५६९
' ७ स्वं स्वामिनि उ ५६९
' ८ पत्यावैश्वर्ये उ ५६८
' ९ नभूवाक्चिद्दिधिषु उ ५६९
२० वा भुवनम् उ५६९ [उ५६९
' १ आशङ्काबाधनेदीयःसु सम्भावने
' २ पूर्वे भूतपूर्वे उ ५७०
' ३ सविधसनीडसमर्यादसवेशसदेशेषु सामीप्ये उ ५७० [५७०
' ४ विस्पष्टादीनि गुणवचनेषु उ
' ५ श्रज्यावमकन्पापवत्सु भावे कर्मधारये उ ५७१
' ६ कुमारश्च उ ५७१
' ७ आदिः प्रत्येनसि उ ५७१
' ८ पूगेष्वन्यतरस्याम् उ ५७१
' ९ इगन्तकालकपालभगालशरावेषु द्विगौ उ ५७१

३० बह्वन्यतरस्याम् उ ५७१
' १ दिष्टिवितस्त्योश्च उ ५७२
' २ सप्तमी सिद्धशुष्कपक्वबन्धेष्वकालात् उ ५७२
' ३ परिप्रत्युपापा वर्ज्यमानाहोरात्रावयवेषु उ ५७२ [उ ५७२
' ४ राजन्यबहुवचनद्वन्द्वे ऽन्धकवृष्णिषु
' ५ संख्या उ ५७२ [उ५७२
' ६ आचार्योपसर्जनश्चान्तेवासी
' ७ कार्तकौजपादयश्च उ ५७४
' ८ महान् व्रीह्यपराह्णगृष्टीष्वासजाबालभारभारतहैलिहिलरौरवप्रवृद्धेषु उ ५७४
' ९ क्षुल्लकश्च वैश्वदेवे उ ५७४
४० उष्ट्रः सादिवाम्योः उ ५७४
' १ गौः सादसादिसारथिषु उ५७५
' २ कुरुगार्हपतरिक्तगुर्वसूतजरत्यश्लीलदृढरूपापारेवडवा तैतिलकद्रूः पण्यकम्बलो दासीभाराणां च उ ५७५
' ३ चतुर्थी तदर्थे उ ५७६
' ४ अर्थे उ ५७६
' ५ क्ते च उ ५७६
' ६ कर्मधारये ऽनिष्ठा उ ५७६
' ७ अहीने द्वितीया उ ५७६
' ८ तृतीया कर्मणि उ ५७७
' ९ गतिरनन्तरः उ५७७ [५७७

षष्ठाध्यायस्य द्वितीये पादे।

५० तादौ च निति ह्रस्वत्वतौ ७
'१ तवे चान्तश्च युगपत् ७ ५.७७
'२ अनिगमनोऽन्ततौ अप्रख्ये ७ ५७७
'३ स्वर्ञी च ७ ५७८
'४ ईषदन्यतरस्याम् ७ ५७८
'५ द्विरख्परिमाणे भने ७५.७८
'६ प्रथमो ऽविरोपसम्मत्तौ ७ ५७८
'७ कतरूकतमौ कर्मधारवे ७५.७८
'८ आर्यो ब्राह्मणकुमारयो: ७ ५७९
'९ राजा च ७ ५७९
६० षष्ठी प्रतेवर्षि ७ ५.७९
'१ क्रे नित्यार्थे ७ ५७९
'२ याम: शिल्पिनि ७ ५७९
'३ राजा च प्रशंसायाम् ७५.८०
'४ आदिरदान्त: ७ ५८०
'५ सप्तमीश्चारिणौ धर्मे ऽहरूष्ये ७ ५८०
'६ युक्ते च ७ ५.८०
'७ विभाषाध्यक्षे ७ ५८१
'८ पापं च शिल्पिनि ७ ५८१
'९ गोत्रान्ते वाशिमाथवब्राह्मणे-षु क्षेमे ७ ५८१
७० अङ्गानि मैरेये ७ ५८१
'१ भक्ताख्यास्तदर्थे ७ ५८१

'२ गोविद्वाडहिङ्गसैन्धवेषूपमाने ७ ५८२
'३ अके जीविकार्थे ७ ५८२
'४ प्राचां क्रीडायाम् ७ ५८२
'५ अपि नियुक्ते ७ ५८३
'६ शिल्पिनि चाक्ञ: ७ ५८२
'७ संज्ञायां च ७ ५८२
'८ गोत्रक्षित्रवं पाशे ७ ५८२
'९ शिनि: ७ ५८३ [७५८३
८० उपमानं शब्दार्थप्रकृताबेव
'१ युक्तारोह्यादयश्च ७ ५८४
'२ दीर्घकागठन्रम्भाट्ठवट् जे ७ ५८४
'३ अन्यात् पूर्वं बहुवच: ७ ५८४
'४ यासेऽनियसन्त: ७ ५८४
'५ घोषादिषु च ७ ५८४
'६ छात्त्रादय: शालायाम् ७ ५८५
'७ प्रस्थेऽष्टुत्तमकर्क्र्यादीनाम् ७ ५८५
'८ मालादीनां च ७ ५८५
'९ अमहद्वर्यं नगरेऽनुदीचाम् ७ ५८५
९० अर्म्मे चावर्ण्यां द्वयच् त्र्यच् ७ ५८८
'१ न भूताधिकसंजीवमद्राप्ससक्तज्वरम् ७ ५८६

‘२ अन्तः उ ५८६
‘३ सर्वं गुणकार्त्स्न्ये उ ५८६
‘४ संज्ञायां गिरिनिकाययोः
उ ५८६
‘५ कुमार्यां वयसि उ ५८७
‘६ उदकेऽकेवले उ ५८७
‘७ द्विगौ क्रतौ उ ५८७
‘८ सभायां नपुंसके उ५८७
‘९ पुरे प्राचाम् उ ५८७
१०० अरिष्टगौडपूर्वे च उ५८८
‘०१ न हास्तिनफलकमार्देयाः
उ ५८८ [५८८
‘०२ कुसूलकूपकुम्भशालं बिले उ
‘०३ दिक्शब्दा ग्रामजनपदा-
ख्यानचानराटेषु उ ५८८
‘०४ आचार्योपसर्जनश्चान्तेवा-
सिनि उ ५८८
‘०५ उत्तरपदवृद्धौ सर्वं च उ
५८९
‘०६ बहुव्रीहौ विश्वं संज्ञायाम्
उ ५८९
‘०७ उदराश्वेषुषु उ ५८९
१०८ क्षेपे उ ५८९
१०९ नदी बन्धुनि उ ५८९[५९०
११० निष्ठोपसर्गपूर्वमन्यतरस्याम् उ
१११ उत्तरपदादिः उ ५९०
११२ कर्णो वर्णलक्षणात् उ ५९०
११३ संज्ञौपम्ययोश्च उ ५९०
११४ कण्ठपृष्ठग्रीवाजङ्घं च उ
५९०
११५ शृङ्गमवस्थायाम् उ ५९०
११६ नञो जरमरमित्रमृताः उ
५९१
११७ सोर्मनसी अलोमोषसी
उ ५९१
११८ क्रत्वादयश्च उ ५९१[उ५९१
११९ आद्युदात्तं द्व्यच् छन्दसि
१२० वीरवीर्यौ च उ ५९२
१२१ कूलतीरतूलमूलशालाक्षसम-
व्ययीभावे उ ५९२
१२२ कंसमन्थशूर्पपाय्यकाण्डं
द्विगौ उ५९२ [५९२
१२३ तत्पुरुषे शालायां नपुंसके उ
१२४ कन्था च उ ५९२
१२५ आदिश्चिहणादीनाम् उ५९३
१२६ चेलखेटकटुककाण्डं गर्हा-
याम् उ ५९३
१२७ चीरमुपमानम् उ ५९३
१२८ पललसूपशाकं मिश्रे उ५९४
१२९ कूलसूदस्थलकर्षाः संज्ञायाम्
उ ५९५
१३० अकर्मधारये राज्यम् उ
५९४
१३१ वर्ग्यादयश्च उ५९४

१३२ पुत्रः पुंभ्यः उ ५९४

१३३ नाचार्यराजर्त्विक्संयुक्तज्ञात्याख्येभ्यः उ ५९५

१३४ चूर्णादीन्यप्राणिषष्ठ्याः उ ५९५

१३५ षट् च काण्डादीनि उ ५९५

१३६ कुण्डं वनम् उ ५९५

१३७ प्रकृत्या भगालम् उ ५९६

१३८ शितेर्नित्याबह्वज्बहुव्रीहावभसत् उ ५९६ [५९६

१३९ गतिकारकोपपदात् कृत् उ

१४० उभे वनस्पत्यादिषु युगपत् उ ५९६

‘ ४१ देवताद्वन्द्वे च उ ५९७

‘ ४२ नोत्तरपदेऽनुदात्तादावपृथिवीरुद्रपूषमन्थिषु उ ५९७

‘ ४३ अन्तः उ ५९७ [उ ५९८

‘ ४४ थाथघञ्क्ताजबित्रकाणाम्

‘ ४५ सूपमानात् क्तः उ ५९८

‘ ४६ संज्ञायामनाचितादीनाम् उ ५९८

‘ ४७ प्रवृद्धादीनां च उ ५९८

‘ ४८ कारकाद्दत्तश्रुतयोरेवाशिषि उ ५९९

‘ ४९ इत्थंभूतेन कृतमिति च उ ५९९

‘ ५० अनो भावकर्मवचनः उ ५९९

‘ ५१ मन्क्तिन्व्याख्यानशयनासनस्थानयाजकादिक्रीताः उ ६००

१५२ सप्तम्याः पुण्यम् उ ६००

१५३ ऊनार्थकलहं तृतीयायाः उ ६००

‘ ५४ मिश्रं चानुपसर्गमसन्धौ उ ६००

‘ ५५ नञो गुणप्रतिषेधे संपाद्यर्हहितालमर्थास्तद्धिताः उ ६०१

‘ ५६ ययतोश्चातदर्थे उ ६०१

‘ ५७ अच्कावशक्तौ उ ६०२

‘ ५८ आक्रोशे च उ ६०२

‘ ५९ संज्ञायाम् उ ६०२

१६० कृत्योकेष्णुच्चार्वादयश्च उ ६०२

‘ ६१ विभाषा तृन्नन्नतीक्ष्णशुचिषु उ ६०३

‘ ६२ बहुव्रीहाविदमेतत्तद्भ्यः प्रथमपूरणयोः क्रियागणने उ ६०३

‘ ६३ संख्यायाः स्तनः उ ६०३

‘ ६४ विभाषा छन्दसि उ ६०४

‘ ६५ संज्ञायां मित्राजिनयोः उ ६०४

‘ ६६ व्यवायिनोऽन्तरम् उ ६०४

‘ ६७ मुखं स्वाङ्गम् उ ६०४

‘ ६८ नाव्ययदिक्शब्दगोमहत्स्थूलमुष्टिपृथुवत्सेभ्यः उ ६०४ [उ ६०४

‘ ६९ निष्ठोपमानादन्यतरस्याम्

‘ ७० जातिकालसुखादिभ्योऽनाच्छादनात् क्तोऽकृतमितप्रतिपन्नाः

'५ ऋवः ये पृ ४६६ । ६ एकादिश कस्य चादुक् पृ २६०
'६ षा वीप्सभिश्रशब्देषु पृ ४६६ । ७ नगोऽप्राणिष्वन्यतरस्याम् पृ २७१
'७ उदकस्योदः संज्ञायाम् पृ ४६७ । ८ सहस्य सः संज्ञायाम् पृ ४७९
'८ पेषंवासवाहनधिषु च पृ ४६७ । ९ मन्वन्ताधिके च पृ ४७९
'९ एकहलादौ पूरयितव्येऽन्यतर- । ८० द्वितीये चानुप्राक्षे पृ ४७९
स्याम् पृ ४६७ । १ अव्ययीभावे चाकाले पृ ३२६
६० सर्वौदमत्सहृन्दुवज्रभारहार- । २ तोपसर्जनस्य पृ ४१९
वीवधगाहेषु च पृ ४६७ [पृ४६८ । ३ प्रह्लत्यादिषि पृ ४१९
'१ दको छुको ऽङ्गौ गालवस्य । ४ समानस्य च्छन्दस्यमूर्द्धप्रभृत्यु-
पृ ४६८ । दर्केषु पृ ४७२
'२ एक तद्धिते च पृ ४६ [पृ४६८ । ५ ज्योतिर्जनपदरात्रिनाभिनामगो-
'३ ङ्णापोः संज्ञाक्स्त्रीहस्वंडकम् । त्ररथेष्वस्पर्यवीचनस्य पृ
'४ तं च पृ ४६८ [रिषु ४७० । पृ ४७२
'५ हस्वोनीकाम्बावानां चितेतुङ्भा- । ६ अरण्ये मनुष्यानिषि पृ ४७९
'६ कितान्यव्यक्स्य उ २३० । ७ तीर्थे ये पृ ४७९
'७ वहर्षिपदान्तुगुसम् उ ३३० । ८ विभाषौदरे पृ ४७९
'८ इच एकाचो म्प्रत्ययवस्य उ । ९ दुगढ बहुसम् पृ ४७२
३४२ । ६० दूरं कि नो ईग् की पृ ४७२
'९ वार्ष्यमपुरन्दरौ च उ ३३१ । १ आ सर्व नाम्नः पृ ९५४
७० कारे सत्यागदस्य पृ ४७० । २ विश्वग्ं देवयोश्व टेरद्रयद्रम्नौ व-
'१ ह्मन्तवस्य पत्ते वे पृ ५६९ । प्रत्युये पृ ९७८
'२ रात्रेः कृति विभाषा पृ ४०९ । ३ सम् समि पृ ८=१
'३ नलोपो नञः पृ २६८ । ४ तिरसतिर्थेऽोषे पृ ९८९
'४ तस्मान्नुडचि पृ २६९ । ५ सहस्य सभि पृ ९८१
'५ नभ्राण्नपात्नवेदानासत्यानमुच- । ६ सभादस्ययोक्छन्दसि ज्या।।
त्रिनकुलनखनपुंसकनक्षत्रनक्रांकि- । ७ दुरस्यवर्गे ह्योऽपि पृ ५१
बु प्रभृतयः पृ २७० । ८ जदगोदंये पृ ४२९

‘ ९ अषष्ठ्यतृतीयास्थस्यान्यस्य दुगाशीराशास्थास्थितोत्सुकोतिकारकराग-च्छेषु पू ४७५

१०० अर्थे विभाषा पू ४७५

‘०१ कोः कत् तत्पुरुषे ऽचि पू ४७५

‘ ०२ रथवदयोश्च पू ४७५

‘ ०३ तृणे च जातौ पू ४७६

‘ ०४ का पथ्यक्षयोः पू ४७६

‘ ०५ ईषदर्थे पू ४७६

‘ ०६ विभाषा पुरुषे पू ४७६

‘ ०७ कवं चोष्णे पू ४७६

‘ ०८ पथि च च्छन्दसि उ ५११

‘ ९० पृषोदरादीनि यथोपदिष्टम् पू ४७६

‘ १० संख्याविसायपूर्वस्याह्नस्याहन्नन्यतरस्यां ङौ पु १०७ [पू८०

‘ ११ ढ्रलोपे पूर्व्वस्य दीर्घो ऽणः

‘ १२ सहिवहोरोदवर्णस्य उ ८९

‘ १३ साढ्यै साढ्वा साढेति निगमे उ ५१२

‘ १४ संहितायाम् पू ४७८

‘ १५ कर्णे लक्षणस्याविष्टाष्टपञ्चमणिभिन्नच्छिन्नच्छिद्रस्रुवस्वस्तिकस्य पू४७८

‘ १६ नहिवृतिवृषिव्यधिरुचिसहितनिषु क्वौ पू ४७८

‘ १७ वनगिर्योः संज्ञायां कोटरकिंशुलुकादीनाम् पू ४७८

‘ १८ वले पू ४७९ [पू ४७९

‘ १९ मतौ बह्वचो ऽनजिरादीनाम्

‘ २० शरादीनां च पू ४७९

‘ २१ इको वहे ऽपीलोः पू ४८०

‘ २२ उपसर्गस्य घञ्यमनुष्ये बहुलम् पू ४८०

‘ २३ इकः काशे पू ४८०

‘ २४ दस्ति उ ३६०

‘ २५ अष्टनः संज्ञायाम् पू ४८०

‘ २६ छन्दसि च उ ५१२

‘ २७ चितेः कपि पू ४८०

‘ २८ विश्वस्य वसुराटोः पू १६३

‘ २९ नरे संज्ञायाम् पू ४८०

‘ ३० मित्रे चर्षौ पू ४८०

‘ ३१ मन्त्रे सोमाश्वेन्द्रियविश्वदेव्यस्य मतौ उ५११ [उ ५१२

‘ ३२ ओषधेश्च विभक्तावप्रथमायाम्

‘ ३३ ऋचि तुनुघमक्षुतङ्कुत्रोरुष्याणाम् उ५१२

‘ ३४ इकः सुञि उ ५१२

‘ ३५ द्व्यचो ऽतस्तिङः उ ५१२

‘ ३६ निपातस्य च उ ५१२

‘ ३७ अन्येषामपि दृश्यते (उ५१२क्रो०)

‘८२ णौ पू १७९
‘११९ संप्रसारणस्य पू ४६९

षष्ठाध्यायस्य चतुर्थे पादे।

---

१ अङ्गस्य पू ९२
२ हलः उ १६६
३ नामि पू ९४
४ न तिसृचतसृ पू १२२
५ छन्दस्युभयथा उ ५१३
६ नृ च पू १२४
७ नोपधायाः पू १६२
८ सर्व्वनामस्थाने चासंबुद्धौ पू ११०
९ वा षपूर्व्वस्य निगमे उ ५१३
१० सान्तमहतः संयोगस्य पू १४१
११ अप्तृन्तृच्स्वसृनप्तृनेष्टृत्वष्टृक्षत्तृहोतृपोतृप्रशास्तॄणाम् पू १२२
१२ इन्हन्पूषार्य्यम्णां शौ पू १५८
१३ सौ च पू १५८
१४ अत्वसन्तस्य चाधातोः पू १८२
१५ अनुनासिकस्य क्विझलोः क्ङिति उ २२५
१६ अज्झनगमां सनि उ १९९
१७ तनोतेर्विभाषा उ २०२
१८ क्रमश्च क्त्वि उ ४९३
१९ च्छ्वोः शूडनुनासिके च उ १९९
२० ज्वरत्वरस्रिव्यविमवामुपधायाश्च उ २१८
२१ राल्लोपः उ २१८
२२ असिद्धवदत्राभात् उ ११
२३ श्नान्नलोपः उ ५१९
२४ अनिदितां हल उपधायाः क्ङिति पू १७८
२५ दंशसञ्जस्वञ्जां शपि उ १०१
२६ रञ्जेश्च उ १०१
२७ घञि च भावकरणयोः उ ४३५
२८ स्यदो जवे उ ४३४
२९ अवोदैधौद्मप्रश्रथहिमश्रथाः उ ४३५
३० नाञ्चेः पूजायाम् पू १८१
३१ क्त्वि स्कन्दिस्यन्दोः उ ४६२
३२ जान्तनशां विभाषा उ ४६४
३३ भञ्जेश्च चिणि उ २७२
३४ शास इदङ्हलोः उ १२६
३५ शा हौ उ १२६
३६ हन्तेर्जः उ १११
३७ अनुदात्तोपदेशवनतितनोत्यादीनामनुनासिकलोपो झलि क्ङिति उ २१०
३८ वा ल्यपि उ ४६५
३९ न क्तिचि दीर्घश्च उ ४६०
४० गमः क्वौ उ २४०

षष्ठाध्यायस्य चतुर्थं पादे ।

४१ बिदुगोरनुमानिक्सात् ७ १२८
४२ अनसन्तस्य शृभस्रो: ७ १२२
४३ ये विभाषा ७ ६३
४४ तनोतेर्यकि ७ २६८ [७४६०
४५ यन: किचि लोपवाच्यान्यतरस्याम्
४६ आर्द्धधातुके (७।७ सो इं)
४७ भनुजो रोपधयोरन्यतरस्याम्
७ १४८
४८ लातो लोप: ७ ५७
४९ वस्य हृब: ७ २०६
५० क्सस्य विभाषा ७ २२१
५१ योरनिटि ७ ६०
५२ निष्ठायां सेटि ७ १५५
५३ जनिता मन्त्रे ७ ५१२
५४ घनिता वच्ने ७५१३
५५ अवामन्नाल्वाय्येत्नि ष्णुन् ७ ६०
५६ ल्यपि लघुपूर्वोत् ७ ४६५
५७ विभाषाप: ७ ४६६
५८ युस्मृवोर्दीर्घश्चन्दसि ७ ५१२
५९ चिय: ७ ४६६
६० विशाबामख्यदर्थे ७ ३४६
६१ वाक्रोष्टदेन्ययो: ७ २६१
६२ खविच्चीयुट्तद्धिषु भावकम्में-
  योरुपदेषे अज्भनृपहृब्धा वा
  चिरहृदित् च ७ १६७
६३ दीक्षोबुडवि कृजिति ७ १२४

६४ आतो लोप इटि च ७ ८४
६५ ददति ७ २०१ [७ २९६
६६ वुमांस्रागमापञ्कृतिवां हृचि
६७ हर्षिर्क्षि ७ ८४
६८ वाम्यस्य संबोगादे: ७ ८५
६९ न ल्यपि ७ ४६५
७० नयतेरिदन्यतरस्याम् ७ ४६०
७१ लुछ्रुछ्लृछ्लृछुदात्त: ७ १५
७२ आडजादीनाम् ७ २७
७३ अन्तस्वापि इष्यते ७ ५१४
७४ न माङ्योगे ७ २० [७५१४
७५ बहुलं छन्दस्माङ्योगे अपि
७६ दरवो रे ७ ५१४
७७ अचि न्मुधात्वभुवां ब्योरियङ्-
  उवङौ पू १९८
७८ अभ्याससाश्वर्ष्ये ७ ४५
७९ स्त्रिया: पू २११
८० वाम्यचो: पू १२२
८१ द्र्षो यण् ७ १९७ [पू ११८
८२ परनेकाचोऽसंयोगपूर्वस्य
८३ ओ: सुपि पू १२३
८४ वर्षाभ्वस्य पू १२४
८५ न भूसुधियो: पू १२०
८६ छन्दस्मवद्या ७ ५१४
८७ सुम्वो: शार्वधातुके ७ ८८
८८ भुवो वुमुक्छ्छिटो: ७ ८

' ८ ऊदुपधाया गोहः उ ८२

९० दोषो णौ उ १८६

' १ वा चित्तविरागे उ १८६

' २ मितां ह्रस्वः उ १७४

' ३ चिण्णमुलोर्दीर्घोऽन्यतरस्याम् उ २७१

' ४ खचि ह्रस्वः उ २२२

' ५ ह्लादो निष्ठायाम् उ २५८

' ६ छादेर्घेऽद्व्युपसर्गस्य उ ४५६

' ७ इस्मन्त्रन्क्विषु च उ ३४०

' ८ गमहनजनखनघसां लोपः क्ङित्यनङि उ ८१

' ९ तनिपत्योश्छन्दसि उ ५१४

१०० घसिभसोर्हलि च उ ५१४

' ०१ हुझल्भ्यो हेर्धिः उ १०८

' ०२ श्रुशृणुपॄकृवृभ्यश्छन्दसि उ५१५

' ०३ अङितश्च उ ५१५

' ०४ चिणो लुक् उ ६६

' ०५ अतो हेः उ १५ [उ७०

' ०६ उतश्च प्रत्ययादसंयोगपूर्वात्

' ०७ लोपश्चास्यान्यतरस्यां म्वोः उ७०

' ०८ नित्यं करोतेः उ १६२

' ०९ ये च उ १६२

' १० अत उत् सार्वधातुके उ १२१

' ११ श्नमोरल्लोपः उ* १२२

' १२ श्नाभ्यस्तयोरातः उ १२५

' १३ ई हल्यघोः उ १२०

' १४ इद्दरिद्रस्य उ १२५

' १५ भियोऽन्यतरस्याम् उ १२८

' १६ जहातेश्च उ १२०

' १७ आ च हौ उ १२०

' १८ लोपो यि उ १२०

' १९ घ्वसोरेद्धावभ्यासलोपश्च उ१०२

' २० अत एकहल्मध्येऽनादेशादेर्लिटि उ ९२

' २१ थलि च सेटि उ ९२

' २२ तॄफलभजत्रपश्च उ ५६

' २३ राधो हिंसायाम् उ १९७

' २४ वा जॄभ्रमुत्रसाम् उ ८८

' २५ फणां च सप्तानाम् उ ८७

' २६ न शसददवादिगुणानाम् उ९३

' २७ अर्वणस्त्रसावनञः पू २६१

' २८ मघवा बहुलम् पू १५८

' २९ भस्य पू १०५

' ३० पादः पत् पू १७८

' ३१ वसोः संप्रसारणम् पू १८७

' ३२ वाह ऊठ् पू १४७

' ३३ श्वयुवमघोनामतद्धिते पू१६०

' ३४ अल्लोपोऽनः पू १०५

' ३५ षपूर्वहन्धृतराज्ञामणि पू५१४

' ३६ विभाषा ङिश्योः पू १०७

---

* श्नसोरिति पाठान्तरम्

षष्ठाध्यायस्य चतुर्थे पादे। ७१

‘ ३७ न संयोगाद्वमन्तात् पृ १५७
‘ ३८ अचः पृ १७६
‘ ३९ उद ईत् पृ १८१
‘ ४० आतो धातोः पृ १०८
, ४१ मन्त्रे ष्वाङ्याद्रेरात्मनः उ ५१५
‘ ४२ ति विंशतेर्डिति पृ ४१०
‘ ४३ टेः पृ १४०
‘ ४४ नस्तद्धिते पृ ३३४
‘ ४५ अह्नष्टखोरेव पृ १८२
‘ ४६ ओर्गुणः पृ ४१२
‘ ४७ ढे लोपो ऽकद्र्वाः पृ ५०६
‘ ४८ यस्येति च पृ १२६
‘ ४९ सूर्य तिष्यागस्त्यमत्स्यानां य उपधायाः पृ २२८
‘ ५० हलस्तद्धितस्य पृ २१८[४६१
‘ ५१ आपत्यस्य च तद्धिते ऽनाति पृ
‘ ५२ क्यच्व्योश्च पृ ७१०
‘ ५३ बिल्वकादिभ्यश्छस्य लुक् पृ ५५३
‘ ५४ तुरिष्ठेमेयस्सु पृ ७०२
‘ ५५ टेः पृ ६५३
‘ ५६ स्थूलदूरयुवह्रस्वक्षिप्रक्षुद्राणां यणादि परं पूर्वस्य च गुणः पृ७०२
‘ ५७ प्रियस्थिर स्फिरोरुबहुलगुरुवृद्धतृप्रदीर्घवृन्दारकाणां प्रस्थस्फवर्बंहिगर्वर्षित्रब्द्राघिवृन्दाः पृ ७०२
‘ ५८ बहोर्लोपो भूच बहोः पृ७०२
‘ ५९ इष्ठस्य यिट् च पृ ७०२
‘ ६० ज्यादादीयसः पृ ७०२
‘ ६१ र ऋतो हलादेर्लघोः पृ ५२
‘ ६२ विभाषर्जोश्छन्दसि उ५१५
‘ ६३ प्रकृत्यैकाच् पृ ७०२
‘ ६४ इनण्यनपत्ये पृ ५२४
‘ ६५ गाथिविदथिकेशिगणिपणिनश्च पृ ५४२
‘ ६६ संयोगादिश्च पृ ५१२
‘ ६७ अन् पृ ५१२
६८ ये चाभावकर्मणोः पृ ५१२
‘ ६९ आत्माध्वानौ खे पृ ६२७
‘ ७० न मपूर्वो ऽपत्ये ऽवर्मणः पृ५१२
‘ ७१ ब्राह्मो ऽजातौ पृ ५१२
‘ ७२ कार्मस्ताच्छील्ये पृ ६१६
‘ ७३ औक्षमनपत्ये पृ ५१२
‘ ७४ दाण्डिनायनहास्तिनायनाथर्वणिकजैह्माशिनेयवाशिनायनिभ्रौणहत्यधैवत्यसारवैक्ष्वाकमैत्रेयहिरण्मयानि पृ ५१०
‘ ७५ ऋत्व्यवास्त्व्यवास्त्वमाध्वीहिरण्ययानि छन्दसि उ ५१५

सप्तमध्यायस्य प्रथमे पादे।

---

* युष्वोरनाकाविति पाठान्तरम्

२ आयनेयीनीयियः फढखछघां प्रत्ययादीनाम् पू २१८
३ झो ऽन्तः उ ८
४ अदभ्यस्तात् उ १२४
५ आत्मनेपदेष्वनतः उ २८
६ शीङो रुट् उ ११४
७ वेत्तेर्विभाषा उ २४६
८ बहुलं छन्दसि उ ५१६
९ अतो भिस ऐस् पू ९२
१० बहुलं छन्दसि उ ५१६
‘ १ नेदमदसोरकोः पू १५२
‘ २ टाङसिङसामिनात्स्याः पू ९२
‘ ३ ङेर्य्यः पू ९३
‘ ४ सर्वनाम्नः स्मै पू ९६
‘ ५ ङसिङ्योः स्मात्स्मिनौ पू ९७
‘ ६ पूर्व्वादिभ्यो नवभ्यो वा पू १००
‘ ७ जसः शी पू ९६
‘ ८ औङ आपः पू १२७
‘ ९ नपुंसकाच्च पू १३९
२० जश्शसोः शिः पू १३०
‘ १ अष्टाभ्य औश् पू १६२
‘ २ षड्भ्यो लुक् पू ११४
‘ ३ स्वमोर्नपुंसकात् पू १४२
‘ ४ अतो ऽम् पू १२९ [पू १४०
‘ ५ अद्ड्डतरादिभ्यः पञ्चभ्यः
‘ ६ नेतराच्छन्दसि उ ५१६
‘ ७ युष्मदस्मद्भ्यां ङसो ऽश् पू १७२
‘ ८ ङे प्रथमयोरम् पू १६७
‘ ९ शसो न पू १७०
३० भ्यसो ऽभ्यम् पू १७१
‘ १ पञ्चम्या अत् पू १७१
‘ २ एकवचनस्य च पू १७१
‘ ३ साम आकम् पू १७२
‘ ४ आत औ णलः उ ९४ [उ १४
‘ ५ तुह्योस्तातङाशिष्यन्यतरस्याम्
‘ ६ विदेः शतुर्वसुः उ २६७ [उ ४६४
‘ ७ समासे ऽनञ्पूर्व्वे क्त्वो ल्यप्
‘ ८ क्त्वापि छन्दसि उ ५१३
‘ ९ सुपां सुलुक् पूर्व्वसवर्णाच्छेया-
डाड्यायाजालः उ ५१७
४० अमो मश् उ ५१८
‘ १ लोपस्त आत्मनेपदेषु उ ५१८
‘ २ ध्वमो ध्वात् उ ५१८
‘ ३ यजध्वैनमिति च उ ५१८
‘ ४ तस्य तात् उ ५१८
‘ ५ तप्तनप्तनथनाश्च उ ५१९
‘ ६ इदन्तो मसि उ ५१९
‘ ७ क्त्वो यक् उ ५१९
‘ ८ इष्ट्वीनमिति च उ ५१९
‘ ९ स्नात्व्यादयश्च उ ५१९
५० आज्जसेरसुक् उ ५२०
‘ १ अश्वक्षीरवृषलवणानामात्मप्रीतौ-
क्यचि उ २२२
‘ २ आमि सर्व्वनाम्नः सुट् पू ९७

सप्तमाध्याये प्रथमे पादे ।

' ३ ग्वेस्वयः पृ १९५
' ४ स्त्रक्तस्यापो लुट् पृ ८४
' ५ षट्चतुर्भ्यश्च पृ १५०
' ६ श्रीपादस्योङ्कन्दसि त ५२०
' ७ गोः पादान्ते त ५२०
' ८ ददितो तुम् धातोः त ३१
' ९ घ्वे र्च्छादीनाम् त १५६
' १० मसिजनयोर्झलि त १४०
' १ रधिजग्भोरचि त ५७
' २ नेश्छर्विट रधेः त १४०
' ३ ख्भेरग्वबिटोः त १६१
' ४ बभेच त १८२
' ५ आङो वि उ १०१
' ६ उपात्प्रशंसायाम् त २०९
' ७ उपसगीत् खल्धञोः त ४५८
' ८ न सुदुर्भ्यां केवलाभ्याम् त ४५८
' ९ क्विब्बचिप्रच्छायतस्तुकटप्रुजुश्रीणां दीर्घो स्सम्प्रसारणं च पृ २३२
१० डिद्वां सर्वनामस्थाने ऽधातोः पृ २५८
' १ युजेरसमासे पृ २६४
' २ नपुंसकस्य झलचः पृ १२८
' ३ दृक्को ऽचि विभक्तौ पृ १४२
' ४ ह्रस्वनद्यापो नुम् पृ १४४
' ५ अखिदधिषिक्तथ्यष्वामन्तड्नुट्-
' ६ छन्दस्यपि दृश्यते त ५२०
' ७ ई च द्विवचने त ५२०

' ८ नाभ्यस्ताच्छतुः पृ १६२
' ९ वा न पुंसक्स्य पृ १८९
' १० आच्छीनद्योर्नुम् पृ १८९
' १ यप्रत्यनोन्तिम् पृ १८७
' २ सावनडुहः पृ १९८
' ३ इक्ह्रस्वक्षतवर्षां बन्दसि पृ ५२०
' ४ दिव औत् पृ १५०
' ५ पश्चिमभ्युभयाम्नाव् पृ १६९
' ६ इतो ऽतू सर्वनामस्थाने पृ १६१
' ७ थो न्थः पृ १६१
' ८ अद्यप्र टेर्लोपः पृ १६२
' ९ पुंसो ऽसुङ् पृ १८८
' १० गोतो णित् पृ १९५
' १ बहुवत्यो वा च ४०
' २ वस्वेरसंख्याति पृ १९९
' ३ अनङ् शौ पृ १९० [१२९
' ४ इदङ्गमस्दसंयोगेषूर्वेषां च पृ
' ५ बहुच् क्रोष्टुः पृ १२९
' ६ स्त्रियां च पृ ११७
' ७ विभाषा तृतीयादिष्वचि पृ १२२
' ८ वत्रनडुह्तोरासुदान्तः पृ १४८
' ९ अम् संबुद्धौ पृ १४९
१०० ह्रत इहातोः त १००
' ०१ उपधायाच त १७५
' ०२ सर्वोत्तपूर्वायश्च त १२८

‘ ०३ बहुलं छन्दसि उ ५२१

सप्तमाध्यायस्य द्वितीये पादे ।

१ सिचि वृद्धिः परस्मैपदेषु उ ५०
२ अतो ऽल्रान्तस्य उ ६७
३ वदव्रजहलन्तस्याचः उ २६
४ नेटि उ २६ [उ ५२
५ ह्म्यन्तक्षणश्वसजागृणिश्व्येदिताम्
६ ऊर्णोतेर्विभाषा उ ११६
७ अतो हलादेर्लघोः उ ४०
८ नेड्वशि कृति उ १२९ [३७८
९ तितुत्रतथसिसुसरकसेषु च उ
१० एकाच उपदेशे ऽनुदात्तात् उ २५
११ श्र्युकः किति उ ९७
‘ २ सनि ग्रहगुहोश्च उ१९८ [४८
‘ ३ कृसृभृवृस्तुद्रुस्रुश्रुवो लिटि उ
‘ ४ श्वीदितो निष्ठायाम् उ २५१
‘ ५ यस्य विभाषा उ २४८
‘ ६ आदितश्च उ २५१ [२५४
‘ ७ विभाषा भावादिकर्म्मणोः उ
‘ ८ क्षुब्धस्वान्तध्वान्तलग्नम्लिष्टविरिब्धफाण्टबाढानि मन्थमनस्तमःसक्ताविस्पष्टस्वरानायासभृशेषु उ २५५
‘ ९ धृषिशसी वैयात्ये उ २५६
२० दृढः स्थूलबलयोः उ २५६
‘ १ प्रभौ परिवृढः उ २५७
‘ २ कृच्छ्रगहनयोः कषः उ २५७
‘ ३ घुषिरविशब्दने उ २५७
‘ ४ अर्देः संनिविभ्यः उ २५७
‘ ५ अभेश्चाविदूर्य्ये उ २५७
‘ ६ णेरध्ययने वृत्तम् उ २५७
‘ ७ वा दान्तशान्तपूर्णदस्तस्पष्टच्छन्नज्ञप्ताः उ २५८
‘ ८ रुष्यमत्वरसंघुषास्वनाम् उ २५६
‘ ९ हृषेर्लोमसु उ २५८
३० अपचितश्च उ २५९
‘ १ हु ह्वरेश्छन्दसि उ ५२१
‘ २ अपरिह्वृताश्च उ ५२१
‘ ३ सोमे ह्वरितः उ ५२२
‘ ४ ग्रसितस्कभितस्तभितोत्तभितचत्तविकस्ता विशस्तृशंस्तृशास्तृतरुतृतरूतृवरुतृवरूतृवरुत्रीरुज्ज्वलितिक्षरितिक्षमितिवमित्यमितीति च उ५२१
‘ ५ आर्द्धधातुकस्येड्वलादेः उ१२
‘ ६ स्नुक्रमोरनात्मनेपदनिमित्ते उ ६४
‘ ७ ग्रहो ऽलिटि दीर्घः उ १६९
‘ ८ वृतो वा उ१००
३९ न लिङि उ १४६

सप्तमाध्यायस्य द्वितीये पादे । ७९

४० शिवि च परस्मैपदेषु उ २००
' १ दृट् शनि वा उ २०१
' २ लिङ् सिचोरात्मनेपदेषु उ १४६
' ३ क्नव संयोगादे: उ १४५
४४ खरतिस्तृतिचर्तिधूञूदितोवा उ २८
' ५ रभादिभ्यश्च उ १४०
' ६ निर: कुष: उ ६८
' ७ दृग्निशवाम् उ २५२
' ८ तीषसहलुभरुषरिष: उ ३४
४९ यनीयन्तर्धभ्रस्जदम्भुश्रिस्वृ- यूर्णुभरज्ञपिसनाम् उ २००
५० क्रिय: क्नानिक्यो: उ २५१
' १ पूङश्च उ २५२
' २ वस्तिबुधोरिट् उ २५२
' ३ अञ्चे: पूजायाम् उ २५२
' ४ लुभो विमोहने उ २५३
५५ नृबधयो: क्ति उ ४६२
' ६ उदितो वा उ ४६३
' ७ से ऽसिचि क्नतचृतछृदछृद- ध्वत: उ ११२
' ८ गमेरिट् परस्मैपदेषु उ १०१
५९ न वृद्धचतुर्थ्य: उ ७९
६० तासि च क्लप: उ ८०
६१ अचस्तास्वत् थल्यनिट्ठो निल्यम् उ ४९
६२ उपदेशेऽत्वत: उ ४९

' १ क्तो भारद्वाजस्य उ ४९
' ४ बभूवाततन्य-जगृभ्म-ववर्थेति निगमे उ ५२२
६५ विभाषा द्विजिह्वयो: उ १०४
६६ इण्व्यर्थसिंव्यतीताम् उ ८७
' ७ वस्वेकाजाद्धसाम् उ १६४
' ८ विभाषा गमहनविदविशाम् उ १६५
६९ स्निस्नसनिशांसम् उ ५२२
७० क्नुवो सो उ ६१
७१ अच्चे: सिचि उ १६०
७२ ख्रुङ्खुभ्य: परस्मैपदेषु उ ८८
' ३ कमरसनभातां क्ष च उ ८५
' ४ क्षिपूङ्क्ष्यां सनि उ २०१
' ५ किरश्च पञ्चभ्य: उ १९८
' ६ गदादिभ्य: श्वर्यवाङ्क्षे उ १२२
७७ इण: षे उ ११२
' ८ ईञ्जनोर्ध्वे च उ ११२
७८ लिङ्: सलोपे ऽन्यस्य उ १६
८० अतो येङ: उ १७
' १ आतो ङित: उ २२
' २ आने क्नक उ १६५
' ३ ईद्दह: उ १६७
' ४ अधन वा विभक्तौ पू १६३
' ५ रायो हलि पू १२९
' ६ वयघद्वदोरगादेशे पू १७१
' ७ द्वितीयायां च पू १७०

८८ प्रथमायाश्च द्विवचने भाषायाम् पृ १६९
८९ योऽचि पृ १७१
९० शेषे लोपः पृ १६८
९१ मपर्यन्तस्य पृ १६७
९२ युवावौ द्विवचने पृ १६८
९३ यूयवयौ जसि पृ १७०
९४ त्वाहौ सौ पृ १६८
९५ तुभ्यमह्यौ ङयि पृ १७१
९६ तवममौ ङसि पृ १७२
९७ त्वमावेकवचने पृ १७०
९८ प्रत्ययोत्तरपदयोश्च पृ ५६८
९९ त्रिचतुरोः स्त्रियां तिसृचतसृ १०२
१०० अचि र ऋतः पृ१२२
‘ ०१ जराया जरसन्यतरस्याम् पृ १०२
‘ ०२ त्यदादीनामः पृ १६५
‘ ०३ किमः कः पृ १५१
‘ ०४ कु तिहोः पृ ६९१
‘ ०५ क्वाति पृ ६९२
‘ ०६ तदोः सः सावनन्त्ययोः पृ १६७
‘ ०७ अदस औ सुलोपश्च पृ १८९
‘ ०८ इदमो मः पृ १५१
‘ ०९ दश्च पृ १५२
‘ ११० यः सौ पृ १९१
‘ ११ इदो ऽय् पुंसि पृ १५१
‘ १२ अनाप्यकः पृ १५२
‘ १३ हलि लोपः पृ १५३
‘ १४ मृजेर्वृद्धिः उ १२२
‘ १५ अचो ञ्णिति पृ १११
‘ १६ अत उपधायाः उ ४०
‘ १७ तद्धितेष्वचामादेः पृ ४८९
‘ ५८ किति च पृ ४८९

—०—

सप्तमाध्याये तृतीये पादे

१ देविकाशिंशपादित्यवाड्दीर्घस-
त्रश्रेयसामात् पृ ५८१[पृ५१०
२ केकयमित्रयुप्रलयानां यादेरियः
३ न य्वाभ्यां पदान्ताभ्यां पूर्वौ तु ताभ्यामैच् पृ ४९९
४ द्वारादीनां च पृ ५७०
५ न्यग्रोधस्य च केवलस्य पृ ६०२
६ न कर्मव्यतिहारे उ ४४०
७ स्वागतादीनां च पृ ६०४
८ श्वादेरिञि पृ ६०६
९ पदान्तस्यान्यतरस्याम् पृ ६०६
१० उत्तरपदस्य पृ ५७२
‘ १ अवयवादृतोः पृ ५७२
‘ २ सुसर्वार्धाज्जनपदस्य पृ ५७३

सप्तमाध्यायस्य छतीये पादे ।

' ३ दिघो ऽम्ब्राणाम् पृ ५७३
' ४ प्राचां ग्रामनगराणाम् पृ ५७४
' ५ संख्यायाः संवत्सरसंख्यस्य च पृ ६४५
' ६ वर्षस्याभविष्यति पृ ६४५ [पृ ६२०
' ७ परिमाणान्तस्याचं ग्रायाणयोः
' ८ ज्ञे प्रोष्पदानाम् पृ ५७५
' ८ हृद्भगसिन्धून्ते पूर्वपदस्य च पृ ५०८
२० चतुर्थतिकादीनां च पृ ५८१
२१ देवताद्वन्द्वे च पृ ५३२
२२ नेन्द्रस्य परस्य पृ ५३३
२३ दीर्घाच्च वर्स्यस्य ५३३
' ४ प्राचां नगरान्ते पृ ५७८
' ५ अङ्कसंख्येतुवलजान्तस्य विभाषितसुत्तरम् पृ ५७८ [वा पृ ६२०
' ६ अधोः परिमाणस्य पूर्वस्य च
' ७ मातुः परस्य पृ ६३१
' ८ प्रगायस्यस्य टे पृ ५०७
' ८ तत्त्वत्स्यस्य च पृ ५०७
१० नअः शुचीश्वरक्षेत्रज्ञकुशलनिपुणानाम् पृ ५८५ [पृ ६५४
' १ यथातथयथापुरयोः पर्योयेण
' २ कन्मतोऽचिव्रहतोः उ १९६
' ३ आतो युक् चिप्कृतोः उ२७०
' ४ ग्रोदात्तोपदेशस्य मान्तस्याग-

चमेः उ २७२
' ५ अनिबधोष्ठ उ १७३
' ६ अर्ति ह्री वीरी ज्ञुयीभ्यात्यातां पुग् णौ उ १७४
' ७ याह्वोग्ठाक्याब्यबेपां युक् उ १८२
' ८ यो विभुमने युक् उ १८१
' ८ लीलोर्नुग्लाक्यन्तरस्यां हेतुविपातने उ १८१
१० भियो हेतुभये युक् उ १८५
' १ स्काथो वः उ १८५
' २ यदेरगतो तः उ १८५
' ३ वहः पोऽन्तरस्याम् उ१८५
' ४ प्रत्ययस्थात् कात् पूर्वस्यात् इदाप्यपुः पृ २१९
' ५ न यास्योः पृ २११
' ६ उदीचामातः स्थाने यकपूर्वायाः पृ २१२
' ७ भस्त्रैषाजाज्ञाद्वास्वा नज्पूर्वासामपि पृ २१३
' ८ देभाषितपुंस्काच्च पृ २१४
' ८ आदाचार्यांणामि पृ २१५
५० ठन्थेकः पृ ५२५
' १ रहसुक्तान्तात् कः पृ ५२८
' २ यजोः जु चिष्णुतोः उ३०६
' ३ न्यङ्कादीनां च उ ३००
' ४ ग्रो कुन्तेड्युर्वच्च पृ १५८

५ अभ्यासाच्च ७ २।०	८ पाद्याद्यतास्वाहादाषुडह्यतिर्वि-
६ देर्घज्जि ७ १४७	तिषदवदां पित्रजिम्रघमतिछमनच्य-
७ वनृजिटोर्जं ७ ६८	च्चण्यर्थर्चीयीबवीदाः ७ ८८
८ विभाषा वेः ७ १४५	९ ग्राजनोर्ञां ७ १२५
८ न त्रारेः ७ ३।०	८० यादीनां कुसः ७ १६६
६० अजिम्नज्ञोस् ७ २।०[२९०	१ मीनतिनिगमे ७ ५।२१
१ मुअन्चो पाश्चुपतापयोः ७	२ मिद्गेर्गुणः ७ ७७
२ प्रवाजास्तुवालो बधादेंट २।१	३ लष्टि च ७ १२४
३ बन्द्रेर्मतौ ७ २९२	४ सार्वधातुकार्धधातुकयोः ७३
४ क्ष्र उच्चैः कै ७ २।१	५ आपोऽविषिखक्ल्छिलृट्र।२६
५ यज्ञ यावभ्रष्ठे ७ २।१	६ पुमन्तलघूपधस्य च ७ १२
६ वजवाषरचमवचर्चेष ७३।१	७ गाम्वष्टष्टाषि षिति सार्वधा-
७ वशो ऽवष्ठसंज्ञायाम् ७३।१२	तुके ७ ११९
८ प्रवोज्यनिकोर्च्यो व्रज्याचें ७	८ भूसुसौस्त्रिष्ट ७ १८
२।१२	८ ऊतो ऊर्विल्र्लुबि कृबि ७३।१४
८ ओज्य भष्यो ७।२।२२	८० च मैतिविभाषा ७ १२५
७० कीर्वोषो बेटि या ७ १२३	१ पुष्णोऽद्भ्रक्ते ७ १९६
१ क्षेोत: ष्वनि ७ १४५	२ व्यङ दमृ ७ २५८
२ बरस्वोपि ७ ७३	३ क्षुब रट्ट ७ १०३
३ बुम्ना इस्दिद्कृकिह्यकुक्कानां-	४ वक्तेो वा ७ २१२
लेनेपरे दन्त्ये उ ८२	५ वस्तुव्यम्बः सार्वधातुके ७
४ यक्षामयदार्गं दीर्ष: ष्वनि ७	१२४
१४२	६ अतिविचो ऽष्टक्रे ७ २०
५ त्रियुक्लुत्तचर्मा घिति ७ ६४	७ बङ्कलं कम्र्दिव ७ १२१
६ श्राप: परस्मैपदेष ७ ६४	८ वदच पञ्चभ्यः ७ १२१
७ हणुगमिकिमा ळ: ७ १०२	८ वद्गार्व्य गाछ्यवक्यो: ७ १२१

सप्तमाध्यायस्य चतुर्थे पादे। ८१

१०० अदः सर्वेषाम् उ १०६
' ०१ अतो दीर्घो यञि उ ८
' ०२ सुपि च पू ६२
' ०३ बहुवचने झल्येत् पू ६२
' ०४ ओसि च पू ६४
' ०५ आङि चापः पू १२७
' ०६ सम्बुद्धौ च पू १२७
' ०७ अम्बार्थनद्योर्ह्रस्वः पू ११७
' ०८ ह्रस्वस्य गुणः पू १०८
' ०९ जसि च पू १०८[पू१२१
११० ऋतो ङिसर्वनामस्थानयोः
' ११ घेर्ङिति पू १०६
' १२ आण्नद्याः पू ११७
' १३ याडापः पू १२७
' १४ सर्वनाम्नः स्याड्ढ्रस्वश्च पू१२८
' १५ विभाषा द्वितीयातृतीयाभ्याम् पू १२८
' १६ ङेराम्नद्याम्नीभ्यः पू११७
' १७ इदुद्भ्याम् पू १२२
' १८ औत् पू ११२
' १९ अच्च घेः पू ११०
१२० आङो नाऽस्त्रियाम् पू१०९

सप्तमाध्याये चतुर्थे पादे।

१ णौ चङ्युपधाया ह्रस्वः उ ६१
२ नाग्लोपिशास्वृदिताम् उ १७९
३ भ्राजभासभाषदीपजीवमीलपीडामन्यतरस्याम् उ १७१
४ लोपः पिबतेरीच्चाभ्यासस्य उ१९२
५ तिष्ठतेरित् उ १९२
६ जिघ्रतेर्वा उ १९२
७ उर्ऋत् उ १७२
८ नित्यं छन्दसि उ ५२२
९ दयतेर्दिगि लिटि उ १००
१० ऋतश्च संयोगादेर्गुणः उ९६
' १ ऋच्छत्यॄताम् उ ९७
' २ शॄदॄप्रां ह्रस्वो वा उ १२९
' ३ के ऽणः पू ४०४
' ४ न कपि पू ४०४
' ५ आपो ऽन्यतरस्याम् पू ४२६
' ६ ऋदृशोऽङि गुणः उ १०४
' ७ अस्यतेः स्थुक् उ १४२
' ८ श्वयतेरः उ १०८
' ९ पतः पुम् उ ८८
२० वच उम् उ ११७
' १ शीङः सार्वधातुके गुणः उ११४
' २ अयङ् यि क्ङिति उ २१०
' ३ उपसर्गाद्ध्रस्व ऊहतेः उ २४७
' ४ एतेर्लिङि उ ११८
' ५ अकृत्सार्वधातुकयोर्दीर्घः उ५१
' ६ च्वौ च पू ७२०

७ रीङ्वृतः पृ ५२२	४९ ष्यः स्वार्धधात्के उ ३६
८ द रिङ् षयग्लिङ्क्षु उ ८३	५० ताच्छ्लोद्दीपः उ १२
९ गुथो ऽतिसंयोगाद्योः उ ६६	५१ रि च उ १२
१० यक्ति च उ २०७	५२ ह् एति उ २७
११ ईङ्माघ्नोः उ २९०	५३ यीवर्गयोर्दीर्धीवेभ्यः उ १२६
१२ अस्य च्वौ पृ ७२६	५४ सवि भोमाघुरभलभयकपतपदा-
१३ क्यचि च उ २२०	मच दृसु उ २०२
१४ अग्नायोदम्यधनाया बुभुक्षा-	५५ आब्घ्रम्धामीत् उ २०१
पिपासागर्भेषु उ २२१	५६ दम्भ दृष उ २०१
१५ न च्छन्दस्युपुत्रस्य उ ५३२	५७ सुचोऽकर्मकस्य गुषो वाउ२०३
१६ दुरस्युर्द्विषद्वुर्धमण्यूति—रिष्-	५८ अत्र लोपोऽभ्यासस्य उ २०१
ण्यति उ ५२४	५९ हुस्तः उ १०
१७ अश्वाघस्यात् उ ५२४	६० हवादिः शेषः उ १०
१८ देवसुम्नयोर्यजुषि काठके उ	६१ गर्पूर्वाः खयः उ १२
५२४	६२ कुह्रोस्चुः उ २५
१९ कव्यध्वरपृतनस्यर्चि लोपः	६३ न कवतेर्यङि उ २०८
उ ५२५ [उ ३५८	६४ क्षेम्यक्नद्रष उ ५२५
२० द्यतिस्यतिमास्यामिन्ति किति	६५ दार्धर्ति—दर्धर्ति—दर्धर्षि बोभूतु
२१ शाछोरन्यतरस्यास् उ ३५८	तेतिक्ते ऽलर्ष्यो—पनीफणत्—संसनिष्य-
२२ दधातेर्हिः उ ३६०	दत्—करिक्रत्—कनिक्रदद्भरिभ्रद्विध्व-
२३ जह्यातेश्व छि उ ४६४	तो—दविद्युतत्—तरित्रतः सरीसृ—
२४ विभाषा छन्दषि उ ५२५	पतं—वरीवृजन्मर्मृज्यागनीगन्तीति
२५ क्षुधित बुभुधित नेमधित घिष्व	च उ ५२६
धिषीय च उ ५२५	६६ भरतु उ २५
२६ दो दद्घोः उ ३६०	६७ दुर्तास्ख्रायोः संप्रसारणम्उ७७
२७ अय उपसर्गात् तः उ ३६०	६८ व्यघो लिटि उ ८१
२८ अपो भि पृ १६२	६९ दीर्घः इषः किति उ ११७

सप्तमाध्यायस्य चतुर्थं पादे ।

७० अत आदेः ७ २९
७१ तनादुद्दिशत्यः ७ ३२
७२ अस्रोतेच ७ १४७
'३ भजेरः ७ १०
'४ सङ्ख्वेति विगमे ७ ५२७
'५ निजां त्रयाणां गुणः ज्ञो ७ १११
७६ भजामितु ७ १२८
७७ अर्तिपिपर्त्योर्श्च ७ एर्८
'८ वङ्कुं चन्दसि ७ ५२०
७८ सद्यतः ७ ६१
८० ओः पुनज्झ्वरे ७ १८८
'१ सनति-गृभ्येति-इर्वेति-प्रजति-
  स्रवति च्यवतीर्मा वा ७ १८९
'२ गुप्तो यज्ञको: ७ २०६
'३ दीर्घो ऽकितः ७ २०७
'४ नीग्वहुल्सुंश्च तुज्वर्त्तसपत-
  पदक्रन्दास् ७ २०८
'५ तुजमोऽनुमासिशान्तेभ्य ७२०९
'६ आज़जनहहरूमप्रभाश्च ७
    २०८
'७ चर्फलोश्च ७ २०७
८८ तत् परस्मात्: ७ २०८
८९ ति च ७ २१०
९० रीड्इपधस्य च ७ २०८
९१ रविकौ च लुकि ७ २१५
'२ क्रतच ७ १२६ [ज़ ६]
'३ सन्वज्ज्लघुनि चङ्परे ऽनग्लोपे
'४ दीर्घो ऽविः ७ ६१ [ज़ १३]
'५ अत् स्मृतशवृत्प्रथदृदत स्वरानाम्

'६ विभाषा भेतिचेत्योः ७ २८२
८७ दै च अभ्यः ७ १८२

अष्टमाध्यायवे प्रथमे पादे ।

१ सर्वस्य द्वे पू ७२५
२ तस्य परमाम्रेडितम् पू १९
३ अनुदात्तं च ७ ५४४
४ निस्नोर्ज्योवोः पू ७३५
५ परेर्वर्जने पू ७१५
६ प्रश्नुपोदः पाद्पूरणे ७पू ७'
७ उपर्र्यध्यध्यः सामीप्ये पू ७१६
८ वाक्यादेरोमन्तस्य स्वरिति
  कोपकुत्सनभ्ह्त्सनेषु पू ७३६
९ एक बहुव्रीहिवमत् पू ७३६
१० आबाधे ७ पू ७१७
११ कर्मधारयबत्तरेषु पू ७१७
१२ प्रसारे मुंयवदनम् पू ७२७
'३ अलंक्ते प्रिलंखपोर्मनत-
    स्वाम् पू ७१८
'४ यथाख्ये यथाथंम् पू ७४०
'५ हन्दे रहस्यमर्यादावचनव्युक्त-
  समचसाम्प्रभोगाभिज्ञान्तिषु पू ७४०
'६ इ.दशं पू ६८४
'७ पदश्च पू १७८
'८ ह्रुदासं सर्वपादेऽत्ये पू १७४
१९ आम्निदासंस च पू ५२६
२० बुद्धदादोः प्रशीव्ह्रुर्मद्दितीया-
    अधोन्वंनौ पू १७४

१ वङ्कवनं सर्ती पू ५७५

पाणिनीयाष्टके ।

२२ तेन्नवादेवषण्मुख पृ १७५
२ त्यामौ हितीवावा: पृ १७६
४ न यदाङ्गस्नैवयुक्ते पृ १७६
५ बह्मार्थंयामाबोधने पृ १७७
६ सपूर्वाया: प्रथमाया विभाषा पृ
७ तिङो गोत्रादीनि कुत्सनाभी-
    क्ष्ण्ययो: उ ६९२
८ तिङ्कतिङः उ ६९२
२८ न ङट् उ । २
३० नियार्तिवेद्यादिहन्कुर्विचे ये-
    कूर्विद्यतबुद्धम् उ ६९२
९ नह प्रत्यारम्भे उ ६९२
२ सत्यं प्रश्ने उ ६९२
११ अङ्गाप्रातिलोम्ये उ . ९२
२४ हि च उ ६९२ [६९२
अङ्गदस्नेकमपि शाबाङ्कम् उ
६ बाढयज्ञाभ्याम् उ ६९२
७ पूजायां नानन्तरम् उ ६९३
८ उपसर्गव्यवेतं च उ ६९४
३९ तपख्यपख्यतार्हे: पूजायाम्
    उ ६९४
४० अहो च उ ६९४
१ येचे विभाषा उ ६९४
२ पुरा च परीप्सायाम् उ ६९४
अन्विल्लहुत्र्यां मत्रावायाम् उ ६९५
४४ किं क्रियाप्रश्नेऽनुपसर्गेप्रति-
    षिद्बम् उ ६९५
लोपे विभाषा उ ६९५
पर्यायप्रश्ने प्रशंसे च ट् उ६९६

४७ आत्मपूर्वम् उ ६९६
४८ किंवृत्तं च चिदुत्तरम् उ६९६
४९ आहो उताहो चानन्तरम्
    उ ६९६
५० येचे विभाषा उ ६९६
१ मन्त्रघर्षोठा कृष्ण न देवत् कारकं
    सर्वान्यत् उ ६९६
२ बोट् च उ६९७ [६९७
३ विभाषितं चोपसर्गमनुत्तमम्
४ हन्त च उ ९८ [निबुतेउ६९८
५५ आम एकान्तरामन्त्रितम-
६ बद्धित्रपरं अन्दसि उ ६९८
७ षर्षादिवमोत्रादितरितोऽ-
    डितेष्वगते: उ ६९८
५८ बाहिनु च उ ६९८
५९ चवायोगे प्रथमा उ ६९८
६० येजि विभाषाम् उ ६९८
६१ अहेति विनियोगे च उ ६९९
२ चाहलोप एवेत्रवधारणम् उ
    ६९९
३ चादिलोपे विभाषा उ ६९०
४ वैयार्थेति च छन्दसि उ६९०
५ एकान्याभ्यां समर्थाभ्याम् उ६९०
६६ यद्रृत्तान्नित्यम् उ ६९९
७ पूजनात् पूजितमनुदात्त का-
    ठादिभ्यः उ ६२१
८ षगतिरपि तिङ् उ ६२१
६९ हेतुहेतुने च लृङ्लोटादौ उ६२२
७० गत्यर्थलोटि उ ६२२

अष्टमाध्याये द्वितीये पादे । ८७

'१ तिङि चोदात्तवति उ ६२२
'२ आमन्त्रितं पूर्वमविद्यमानवत् पृ १७७ [पृ १७८
'३ नामन्त्रिते समानाधिकरणे *
'४ सामान्यवचनं विभाषितं विशेषवचने [] उ ५४०

अष्टमाध्याये द्वितीये पादे ।

१ पूर्वत्रासिद्धम् पृ १२
२ नलोपः सुप्स्वरसंज्ञातुग्विधिषु कृति उ १५६
३ न मु ने पृ १९०
४ उदात्तस्वरितयोर्यणः स्वरितोऽनुदात्तस्य उ ५४१
५ एकादेश उदात्तेनोदात्तः उ ५४१
६ स्वरितो वानुदात्ते पदादौ उ ५४१
७ न लोपः प्रातिपदिकान्तस्य पृ १०६
८ न ङिसंबुद्ध्योः पृ १५५ [पृ १७८
९ मादुपधायाश्च मतोर्वोऽयवादिभ्यः
१० झयः पृ ६७९
११ संज्ञायाम् पृ ६७९
१२ आसन्दीवदष्ठीवच्चक्रीवत्-कक्षीवद्रुमण्वच्चर्मण्वती पृ ६७९
'३ उदन्वानुदधौ च पृ ६७९
'४ राजन्वान् सौराज्ये पृ ६८०
'५ छन्दसीरः उ ५२७
'६ अनो नुट् उ ५२७
'७ नाद्धस्य उ ५२८
'८ कृपो रो लः उ ८०
१९ उपसर्गस्यायतौ उ ६५
२० ग्रो यङि उ २०८
२१ अचि विभाषा उ १५५
२२ परेश्च घाङ्कयोः उ ४४७
२३ संयोगान्तस्य लोपः पृ २६
२४ रात् सस्य पृ १२२
२५ धि च उ २७
२६ झलो झलि उ ४०
२७ ह्रस्वादङ्गात् उ ८१
२८ इट ईटि उ २५
२९ स्कोःसंयोगाद्योरन्ते च पृ १६६
३० चोः कुः पृ १६५
३१ हो ढः पृ १४६
३२ दादेर्धातोर्घः पृ १४६
३३ वा द्रुहमुहष्णुहष्णिहाम् पृ १४७
३४ नहो धः पृ १९१
३५ आहस्थः उ ११७
३६ व्रश्चभ्रस्जसृजमृजयजराजभ्राजच्छशां षः पृ १३०
३७ एकाचो बशो भष् झषन्तस्य स्ध्वोः पृ १४६
३८ दधस्तथोश्च उ १२०
३९ झलां जशोऽन्ते पृ ४९
४० झषस्तथोर्धोऽधः उ ४०
४१ षढोः कः सि पृ १२१

---

*सामान्यवचन मित्यधिकः पाठः भाष्यसम्मतः

[]विभाषितं विशेषवचने बहुवचनमिति भाष्यसम्मतः पाठः ।

१२२ तेभ्यो वेवचनस्य पृ १७५	४७ आत्मपूर्वस्य च ६।१६
" ३ त्यदादीनि वाचा: पृ २७६	४८ विन्दुश्च विदुत्तरम् ड६।१६
" ४ न चवाहाहैवयुक्ते पृ १७६	४९ आह्नो ऽह्नो ऽह्न नम्नरस्य
" ५ वक्ष्यमाणेर्वाबाबोधने पृ १७७	च ६।१६
" ६ सपूर्वाया: प्रथमाया विभाषा पृ	५० ग्रेचे स्निग्धा ड ६।१६
" ७ तिङो गोत्रादीनि कुत्सनाभी-	" १ मन्त्रर्षेछोढा खस्य न देतु कारकं
क्ष्ययो: ड ६।१२	सर्वान्यत्व ड ६।१६
" ८ तिङ्कतिङ: ड ६।१२	" २ तोट् च ड६।१७ [६।१७
२९ न जट् ड।१२	" ३ विभाषित्रिं क्षोपसर्गमतुत्तमम्
३० निपाताखादिचहनकुर्विचि चेच-	" ४ हन्त च ड १८[तिङ्ते ड६।१८
क्रियाचेबयुक्तम् ड ६।१२	५५ आम एकान्तरमामन्त्रितम-
" १ मन्त्र प्रश्रारम्भे ड ६।१२	५६ यद्धितुपरम् न्तद्वति ड ६।१८
" २ वत्त प्रश्ने ड ६।१२	५७ चनर्चदिवत्तोलादितद्धिता-
३३ अङ्गाप्रातिलोम्ये ड ६।१२	दितीय्यगते: ड ६।१८
३४ हि च ड ६।१२ [६।१२	५८ चादिषु च ड ६।१८
" ५ अहस्यमेकसपि शाखान्तुल्यम् ड	५९ चवायोगे प्रथमा ड ६।१९
" ६ याद्यष्टाभ्याम् ड ६।१२	६० हेजि विभावास्य ड ६।१९
" ७ पूजायां नान्तरस्य ड ६।१३	६१ अहेति विनियोगे च ६।२०
" ८ उपसर्गव्यपेत च ड ६।१४	" २ चाहत्तोप एवेतवधारचम् ड
३८ तुपश्यपश्यताहे: पूजायाम्	६।२०
ड ६।१४	" ३ चादिलोपे विभाषा ड ६।२०
४० अष्टो च ड ६।१४	" ४ वैयायेति च च्यन्त्सुहि ड६।२०
" १ ग्रेचे विभाषा ड ६।१४	" ५ एकान्याभ्यां समर्थ्याम्यां ड६।२०
" २ पुरा च परीप्सावाम् ड६।१४	६६ यद्वासिजम्तुस्य ड ६।२१
" ३ नन्विलुप्तर्त्तयावाम् ड ६।१५	" ७ पूजनात् पूजितमनुदात्तं का-
४४ किं क्रियाप्रस्तेऽतुपसर्गप्रति-	ठादिभ्य: ड ६।२१
षिद्धसु ड ६।१५	" ८ सगतिरपि तिङ् ड ६।२१
४५ कोपे विभाषा ड ६।१५	५९ कुत्सने च सुप्यगोत्रादौ ड६।२१
४६ एहिमन्ये प्रहासे लट् ड ६।१५	७० गतिर्गतौ ड ६।२२

अष्टमाध्याये द्वितीये पादे । ८७

‘ १ तिङि चोदात्तवति उ ६२२
‘ २ आमन्त्रितं पूर्वमविद्यमानवत् पू १७७ [पू १७८
‘ ३ नामन्त्रिते समानाधिकरणे *
‘ ४ सामान्यवचनं विभाषितं विशेषवचने [] उ ५४०

अष्टमाध्याये द्वितीये पादे ।

१ पूर्वत्रासिद्धम् पू १२
२ नलोपः सुप्स्वरसंज्ञातुग्विधिषु कृति उ १५६
३ न मु ने पू १९०
४ उदात्तस्वरितयोर्यणः स्वरितोऽनुदात्तस्य उ ५४१
५ एकादेश उदात्तेनोदात्तः उ ५४१
६ स्वरितो वानुदात्ते पदादौ उ ५४१
७ नलोपः प्रातिपदिकान्तस्य पू १०६
८ न ङिसम्बुद्ध्योः पू १५५ [पृ ६७८
९ मादुपधायाश्च मतोर्वोऽयवादिभ्यः
१० झयः पू ६७९
११ संज्ञायाम् पू ६७९
१२ आसन्दीवदष्ठीवच्चक्रीवत्-कक्षीवद्रुमण्वच्चर्मण्वती पू ६७९
‘ ३ उदन्वानुदधौ च पू ६७९
‘ ४ राजन्वान् सौराज्ये पू ६८०
‘ ५ छन्दसीरः उ ५२७
‘ ६ अनो नुट् उ ५२७
‘ ७ नाद्घस्य उ ५२८
‘ ८ कृपो रो लः उ ८०
१९ उपसर्गस्यायतौ उ ६५
२० ग्रो यङि उ २०८
२१ अचि विभाषा उ १५५
२२ परेश्च घाङ्कयोः उ ४४७
२३ संयोगान्तस्य लोपः पू २६
२४ रात् सस्य पू १२२
२५ धि च उ २७
२६ झलो झलि उ ४०
२७ ह्रस्वादङ्गात् उ ९१
२८ इट ईटि उ ३५
२९ स्कोः संयोगाद्योरन्ते च पू १६६
३० चोः कुः पू १६५
३१ हो ढः पू १४९
३२ दादेर्धातोर्घः पू १४९
३३ वा द्रुहमुहष्णुहष्णिहाम् पू १४७
३४ नहो धः पू १९१
३५ आहस्थः उ ११७
३६ व्रश्चभ्रस्जसृजमृजयजराजभ्राजच्छशां षः पू १३०
३७ एकाचो बशो भष् झषन्तस्य स्ध्वोः पू १४६
३८ दधस्तथोश्च उ १२०
३९ झलां जशोऽन्ते पू ४९
४० झषस्तथोर्धोऽधः उ ४०
४१ षढोः कः सि पू १३१

*सामान्यवचन मित्यधिकः पाठः भाष्यसम्मतः

[]विभाषितं विशेषवचने बहुवचनमिति भाष्यसम्मतः पाठः ।

४२ रदाभ्यां निश्चमसे म: मूर्धन्यः
च दः उ १४६

४३ संयोगदेरतो धातोर्यण्वतः उ १४७

४४ क्रादिभ्यः क २४७

४५ क्रोरित्र उ १४७

४६ त्रितो द्रीर्म्यां क २४८

४७ ह्यो न्यर्यो उ २४८

४८ ब्रह्मोअस्मदन्ते ल ३४८

४९ दिवोअजिलोभिन्राम् ञ्ज ३४९

५० निर्मोथो व्राते उ १४९

५१ गृण: ज: उ २४९

५२ मयो: व: उ ३४९

५३ व्रायो स: उ ५०

५४ सङ्क्ष्णोउत्तरस्याम् ञ ५०

५५ अनुपसर्गान्तु सुनम्क्रीबक्रो-
ब्राणा: उ ३५०

५६ इन्द्रिविन्द्रिलभा आर्षियोअ्जा-
दुस्यम् उ १५१

५७ न व्याख्यानादूर्विकीस्तदास
उ २५१

५८ चित्ते भोगप्रच्यवहारो: ल ३५२

५९ मित्र सखम् उ २५२

६० कण्यमाक्षर्य उ ३५१

६१ नक्षत्रविष्णुतुक्ष्मस्रुतस्तङ्-
तनि बन्दर्षि च ४२८

६२ जितुप्रत्यमस्य क: मू १६५

६३ मग्रेधे मू २६५

६४ ओ हो भ्रातै: मू १४२

६५ बोष ह ५४६

६६ मग्रस्रुषो क: पू ७७ [४२७

६७ मग्रवाः श्रेतवाः पुरोउच उ

६८ व्रज्ञन पू १८२

६९ दो द्वषि मू द० [त्र्यूर्द

७० मग्रस्रुधरक्रिलम्रब्राम बन्दुच

७१ भुवच चक्रस्याहुतेः उ ५२८

७२ भयत्त शात्रं कसकूत्रा ए: पू
१४९

७३ त्रिमानते: उ ५२६

७४ चिपि धातोक्रयां उ २६६

७५ दघ उ २२१

७६ दर्वीस्पभमब्रा दोर्म हक्स:म्१६५

७७ हलि न मू ४५७

७८ चम्रभाकां च उ २८

७९ न मग्रशुलाम् मू ६१०

८० बादशो श्वैदोष दोर्मा: मू२७६

८१ शत पहल्वस्तर्वे मू १६८

८२ सख्यस्ते: हुत्र कद्रन्त: मू २

८३ प्रत्यभिवारे अश्रूते मू ६१

८४ दूराज्जूते: च मू २४

८५ केद्वेप्रबोमे केद्यमे: मू ५४

८६ गुरोरस्तो अनम्रशस्येर्तातकच
प्रन्डान् मू ५४

८७ ओग्रभ्यादग्मो उ ५२८

८८ ये यज्ञकर्मणि उ ५२८

८९ प्रयाज्ये: उ ५२८

९० वाजयान्त: उ ५२८

९१ सभ्यूजिगे अयोगदौसेवाबस्त्रिहामा-
माद्रे: क ५२९

अष्टमाध्याये द्वितीये पादे । ८१

‘ ९३ अग्नीत्प्रेषणे परस्य च उ ५ २९
‘ ९४ निगृह्यानुयोगे च उ ५ ३०
‘ ९५ आम्रेडितं भर्त्सने उ ५ ३०
‘ ९६ अङ्गयुक्तं तिङाकाङ्क्षम् उ ५ ३०
‘ ९७ विचार्यमाणानाम् उ ५ ३०
‘ ९८ पूर्वं तु भाषायाम् उ ५ ३१
९९ प्रतिश्रवणे च उ ५ ३१ [उ ५ ३१
१०० अनुदात्तं प्रश्नान्ताभिपूजितयोः
१०१ चिदिति चोपमार्थे प्रयुज्यमाने उ ५ ३१ [५ ३१
१०२ उपरिस्विदासीदिति च उ
१०३ स्वरितमाम्रेडितेऽसूयासंमतिकोपकुत्सनेषु उ ५ ३२
१०४ क्षियाशीःप्रैषेषु तिङाकाङ्क्षम् उ ५ ३२ [उ ५ ३२
१०५ अनन्त्यस्यापि प्रश्नाख्यानयोः
१०६ प्लुतावैच इदुतौ उ ५ ३२
१०७ एचोऽप्रगृह्यस्यादूराद्धूते पूर्वस्यार्धस्यादुत्तरस्येदुतौ उ ५ ३२
१०८ तयोर्य्वावचि संहितायाम् उ ५ ३२

अष्टमाध्याये तृतीये पादे ।

१ मतुवसो रु संबुद्धौ छन्दसि उ ५ ३४
२ अत्रानुनासिकः पूर्वस्य तु वा पृ ६६
३ आतोऽटि नित्यम् उ ५ ३५ [६६
४ अनुनासिकात्परोऽनुस्वारः पृ
५ समः सुटि पृ ६६
६ पुमः खय्यम्परे पृ ६७
७ नश्छव्यप्रशान् पृ ६८
८ उभयथर्क्षु उ पृ ६४
९ दीर्घादटि समानपादे उ ५ ३४
१० नॄन्पे पृ ६८
‘ १ स्वतवान्पायौ उ ५ ३५
‘ २ कानाम्रेडिते पृ ६९
‘ ३ ढो ढे लोपः पृ ८१
‘ ४ रो रि पृ ८०
‘ ५ खरवसानयोर्विसर्जनीयः पृ ४६
‘ ६ रोः सुपि पृ ३५०
‘ ७ भोभगोअघोअपूर्वस्य योऽशि पृ ७८ [पृ ७९
‘ ८ व्योर्लघुप्रयत्नतरः शाकटायनस्य
‘ ९ लोपः शाकल्यस्य पृ ४१
२० ओतो गार्ग्यस्य पृ ७९
‘ १ उञि च पदे पृ ७९
‘ २ हलि सर्वेषाम् पृ ७९
‘ ३ मोऽनुस्वारः पृ ६२
‘ ४ नश्चापदान्तस्य झलि पृ ६२
‘ ५ मो राजि समः क्वौ पृ ६२
‘ ६ हे मपरे वा पृ ६२
‘ ७ नपरे नः पृ ६४
‘ ८ ङ्णोः कुक्टुक् शरि पृ ६४
‘ ९ डः सि धुट् पृ ६४
३० नश्च पृ ६५
‘ १ शि तुक् पृ ६५ [पृ ६५
‘ २ ङमो ह्रस्वादचि ङमुण्नित्यम्
‘ ३ मय उञो वो वा पृ ५७

पाणिनीयाष्टके।

४ विसर्जनीयस्य वः पृ ६६
५ वर्षप्रे विसर्जनीयः पृ ७२
६ वा शरि पृ ७२
७ कुप्वोः±क±पौ च पृ ६८
८ सोऽपदादौ पृ ७२
९ रः: पः पृ ७१
१० सस्जुषोर्मोर्मोः पृ ७१
१ रड्ढषभ्यश्च चाप्रत्ययस्य पृ ७४
२ तिरसोऽन्यतरस्याम् पृ ७४
३ द्विस्त्रिवत्परिति क्लाेऽर्थे पृ ७४
४ रसहसोः सामर्ये पृ ७५ [पृ ७५
५ निरः कुषादेरनुत्तरपदस्य
६ अतः कृकमिकंसकुम्भपात्रज्ञ-
याकर्णीष्वनव्ययस्य पृ ७६
७ अथःशिरसी पदे पृ ७६
८ कस्कादिषु च पृ ६८ [५.१५
९ शन्दषि वाऽप्राप्ते द्वितीयः
१० कःकरत्करतिक्रिकृतेष्वनदितेः
च ५.१५
९ पञ्चम्याः परावार्थे च ५.१५
२ पातौ च बहुलम् च ५.१५
३ पञ्चाः परिवाल्प्रहणार्पदप्र-
क्षेप्रेषु च ५.१६
४ इहाचा वा च ५.१६
५ अपदान्तस्य मूर्धन्यः पृ ८८
६ सहे: साडः सः पृ ८८९
७ र्यण्याँ: पृ ८५ [पृ ८६
८ सुविसर्जनीयस्यश्रित्यिवाये ऽपि पृ
९ आदेशप्रत्ययोः पृ ८५

६० शाषिविचिधौनां च च १०६
१ स्तौतिस्थ्योरेव षण्वभ्यासात् च
२०४ [२०५
२ वः क्षिद्विक्षिद्विक्षहीरां च च
३ मात् क्षितादत्तबमाये ऽपि च ६८
४ स्थादिभ्यश्शीन चाभ्यासष्ठ उ२८
५ उपसर्गातसु स्तुेतिस्सुतिस्तिर-
स्तौतिस्तोतिस्थाससिेयश्वचिच-
श्लक्ष्लास्त्रासाम् च १७
६ अदिरल्लै: च १७
७ सल्लौ: च ३०
८ ध्वाषाधायग्नाविदूर्यवोः ३१६
८ नेप खनो भोजने च १८
७० परिनिविष्यः षेषसितत्रविषु--
बलस्तद्सुखत्रसुमाम् च१८ [उच्च ६
९ विगादीनां बाह्वव्यायेऽपि
२ अनुविपरथ्यभिभ्यः खान्दत्तेर-
प्राणिषु च ७४
१ वे: खन्देर निष्ठायाम् च ९०.१
४ परेश्व च १०२ [१४६
५ परिस्कन्तः प्राच्यभारतेषु च
६ करतिक्रुतलनोर्निर्निविभ्यः उ५६
७ वे: सत्मार्नेर्नि्गमः उ ९६५
८ स्कम्भ: पौष्प कुशिपाँ धो-
श्मातृ उ २६
९ विभाषेटः च ६५
६० समासेऽनु भोः स्र: पृ ४७४
१ मीनो: स्थानम् पृ ४७४
२ अक्षेः खर्तृकौषधौंं पृ४४९

' ३ ज्योतिरायुषः स्तोमः पू ४७४
' ४ मातृपितृभ्यां स्वसा पू ४६२
' ५ मातुःपितुर्भ्यामन्यतरस्याम् पू ४६३ [उ ४३६
' ६ अभिनिसः स्तनः शब्दसंज्ञायाम्
' ७ उपसर्गप्रादुर्भ्यामस्तिर्यच्परः उ १२१ [उ १२१
' ८ सुविनिर्दुर्भ्यः सुपिसूतिसमाः
' ९ निनदीभ्यां स्नातेः कौशले उ ३९१
९० सूत्रं प्रतिष्णातम् उ २६१
' १ कपिष्ठलो गोत्रे उ २६२
' २ प्रष्ठोऽग्रगामिनि उ २२४
' ३ वृक्षासनयोर्विष्टरः उ ४४२
' ४ छन्दोनाम्नि च उ ४२८
' ५ गवियुधिभ्यां स्थिरः पू ४५९
' ६ विकुशमिपरिभ्यः स्थलम् उ ३६२
' ७ अम्बाम्बगोभूमिसव्यापद्वित्रिकुशेकुशङ्क्वङ्गुमञ्जिपुञ्जिपरमेबर्हिर्दिव्यग्निभ्यः स्थः उ ३२४
' ८ सुषामादिषु च पू ४७४
' ९ एति संज्ञायामगात् पू ४७४
१०० नक्षत्राद्वा पू ४७५
' ०१ ह्रस्वात् तादौ तद्धिते पू ५५८
' ०२ निसस्तपतावनासेवने उ १०२
' ०३ युष्मत्तत्ततक्षुःष्वन्तःपादम् उ ५१९
' ०४ यजुष्येकेषाम् उ ५१६
' ०५ स्तुतस्तोमयोश्छन्दसि उ ५१७
' ०६ पूर्वपदात् उ ५१७
' ०७ सुञः उ ५१७
' ०८ सनोतेरनः उ ५१७
' ०९ सहेः पृतनर्ताभ्यां च उ ५१७
' १० न रपरसृपिसृजिस्पृशिस्पृहिसवनादीनाम् उ ३१६
' ११ सात्पदाद्योः पू ७२०
' १२ सिचो यङि उ २०८
' १३ सेधतेर्गतौ उ १९
' १४ प्रतिस्तब्धनिस्तब्धौ च* उ २४९
' १५ ष्ठोढः उ ८९
' १६ सम्भुसिरुसिभ्यां यङि उ १९१
' १७ सुनोतेःस्यसनोः उ १४५
' १८ सदेः परस्य लिटि उ ९० [उ ५१७
' १९ निव्यभिभ्योऽड्व्यवाये वा छन्दसि

अष्टमाध्याये चतुर्थे पादे।

१ रषाभ्यां नो णः समानपदे पू १०६
२ अट्कुप्वाङ्नुम्व्यवायेऽपि पू ९१
३ पूर्वपदात् संज्ञायामगः पू ४१५
४ वनं पुरगामिश्रकासिध्रकाशारिकाकोटराग्रेभ्यः पू ४७९
५ प्रनिरन्तःशरेक्षुप्लक्षाम्रकार्ष्यखदिरपीयूक्षाभ्योऽसंज्ञायामपि पू ४८१
६ विभाषौषधिवनस्पतिभ्यः पू ४८१
७ अह्नोऽदन्तात् पू १८२
८ वाहनमाहितात् पू ४८१
९ पानं देशे पू ४८२
१० वा भावकरणयोः पू ४८२
' १ प्रातिपदिकान्तनुम्विभक्तिषु च पू ४८२

*कौमुद्यां वार्त्तिकतयाऽयं प्रमादात्

‘२ ऐकाजुत्तरपदे णः पृ १३७
‘३ कुमति च पृ ४८२ [उ ४१
‘४ उपसर्गादसमासेऽपि णोपदेशस्य
‘५ हिनुमीना उ १४६
‘६ आनि लोट् उ २१
‘७ नेर्गदनदपतपदघुमास्यतिहन्तियातिवातिद्रातिप्सातिवपतिवहतिशाम्यतिचिनोतिदेग्धिषु च उ ४१
‘८ शेषे विभाषाऽकखादावषान्त उपदेशे उ २१
‘९ अनितेः उ १२४
२० अन्तः उ २४०
‘१ उभौ साभ्यासस्य उ १९६
‘२ हन्तेरत्पूर्वस्य पृ १५८
‘३ वमोर्वा उ ११०
‘४ अन्तरदेशे उ ४५५
‘५ अयनं च उ ४५५
‘६ छन्दस्यृदवग्रहात् उ ५२७
‘७ नश्च धातुस्थोरुषुभ्यः उ ५२८
‘८ उपसर्गादनोत्परः * पृ ४१७
‘९ कृत्यचः उ २९८
३० णेर्विभाषा उ २९९
‘१ हलश्चेजुपधात् उ २९९
‘२ इजादेः सनुमः उ २९९
‘३ वा निंसनिक्षनिन्दाम् उ ३००
‘४ न भाभूपूकमिगमिप्यायीवेपाम् उ ३००
‘५ षात् पदान्तात् उ ४५९
‘६ नशेः षान्तस्य उ १४०
‘७ पदान्तस्य पृ ९१
‘८ पदव्यवायेऽपि पृ ४८२
‘९ क्षुभ्नादिषु च पृ २८१
४० स्तोः श्चुना श्चुः पृ ५९
‘१ ष्टुना ष्टुः पृ ५९
‘२ न पदान्ताट्टोरनाम् पृ ५९
‘३ तोः षि पृ ६०
‘४ शात् पृ ५९ [पृ ६०
‘५ यरोऽनुनासिकेऽनुनासिको वा
‘६ अचो रहाभ्यां द्वे पृ २८
‘७ अनचि च पृ ३२
‘८ नादिन्याक्रोशे पुत्रस्य पृ ३७
‘९ शरोऽचि पृ १५१
५० त्रिप्रभृतिषु शाकटायनस्य पृ ३७
‘१ सर्वत्र शाकल्यस्य पृ ३८
‘२ दीर्घादाचार्याणाम् पृ ३८
‘३ झलां जश् झशि पृ ३६
‘४ अभ्यासे चर् च उ ११
‘५ खरि च पृ ६२
‘६ वाऽवसाने पृ ९३
‘७ अणोऽप्रगृह्यस्यानुनासिकः पृ ५८
‘८ अनुस्वारस्य ययि परसवर्णः पृ ६२
‘९ वा पदान्तस्य पृ ६३
६० तोर्लि पृ ६१
‘१ उदः स्थास्तम्भोः पूर्वस्य पृ १
२ झयो होऽन्यतरस्याम् पृ ६१
‘३ शश्छोऽटि पृ ६२
‘४ हलो यमां यमि लोपः पृ ३८
‘५ झरो झरि सवर्णे पृ ४३ [पृ ४१
‘६ उदात्तादनुदात्तस्य स्वरितः उ
‘७ नोदात्तस्वरितोदयमगार्ग्यकाश्यपगालवानाम् उ ५४२
‘८ अ अ पृ ११

अष्टमाध्यायस्य चतुर्थः पादः

पाणिनीयाष्टकं सम्पूर्णम् ।

*उपसर्गाद्बहुलमिति भाष्यसम्मतम्

४७ काव्यसंग्रह (सम्पूर्ण) ५
४८ लिङ्गानुशासन सटीक |०
४९ ऋतुसंहार-सटीक |=
५० विक्रमोर्वशी-सटीक १॥०
५१ वसन्ततिलकभाण |=
५२ गायत्री व्याख्या ॥०
५३ सांख्यदर्शन (भाष्यसहित)
सांख्य प्रवचन भाष्य २
५४ भोजप्रबन्ध ।।।०
५५ नलोदय-सटीक ॥=
५६ ईश केन कठ प्रश्न मुण्ड
माण्डूक्य, (सटीक सभाष्य) ५
५७ छान्दोग्य (उपनिषद्)
सभाष्य-सटीक ५
५८ तैत्तिरीय ऐतरेय श्वेताश्वतर
(उपनिषद्) सभाष्य सटीक २
५९ बृहदारण्यक (उपनिषद्)
सभाष्य-सटीक १०
६० सुश्रुत वैद्यक ४
६१ शार्ङ्गधर वैद्यक १
६२ वेताल पञ्चविंशतिः ॥०
६३ पातञ्जल दर्शन (सभाष्य सटीक) ४
६४ आत्मतत्त्वविवेक बौद्धाधिकार २
६५ मुक्तिकोपनिषत् =
६६ उपमान चिन्तामणि |०
६७ नागानन्द नाटक १
६८ पूर्णप्रज्ञदर्शनम् मध्वस्वामि
कृत भाष्यसहितम् २
६९ चन्द्रशेखर चम्पूकाव्यम्
सम्पूर्ण ३
७० सामवेदस्य मन्त्र ब्राह्मणम्
भाष्य सहितम् २
७१ आरण्य संहिता भाष्य सहितम् १
७२ विद्धशालभञ्जिका नाटिका सटीक १
७३ कारण्डव्यूह बौद्धशास्त्रम् २
७४ कुवलयानन्द-सटीक अलङ्कार ३
७५ प्रियदर्शिका नाटिका-सटीक
श्रीहर्ष विरचित ॥०
७६ सारस्वत व्याकरण-सटीकपूर्वार्द्ध १।
७७ वासवदत्ता-सटीक २
७८ पुष्पबाण विलास काव्य
कालिदास कृत सटीक ॥०
७९ महिम्न शतकम् पदारविन्द
शतकम् स्तुति शतकम्, मन्दस्मित
शतकम्, कटाक्ष शतकम् १
८० मनुसंहिता कुल्लूकभट्ट कृत
टीका सहित ५
८ नैषध चरितम् मल्लिनाथ
कृत टीका सहित १०
७३ चन्द्रालोक प्राचीन अलङ्कार ॥०
८३ वीरमित्रोदय स्मृति शास्त्र १०
८४ भावप्रकाश वैद्यक १०
८५ प्रबोधचन्द्रोदय
नाटक सटीक २

८६ अनर्घराघव नाटक
मुरारि कृत २
८७ दैवतब्राह्मण सभाष्य १
८८ षड्विंश ब्राह्मण १
८९ मीमांसा परिभाषा ॥०
९० अर्थ संग्रह लौगाक्षी कृत
मीमांसा ॥०
९१ रघुवंश सटीक १॥०
९२ मेघदूत सटीक ॥०
९३ ईश्वरनिरूपणम्
तर्कवाचस्पति कृतम् १
९४ ईश्वरानुमानचिन्तामणि
गङ्गेशोपाध्याय कृत १
९५ न्यायदर्शन सभाष्य-सवृत्ति २॥०
९६ सटीक वाल्मीकि रामायण
बालकाण्डस्य प्रथमावधि
त्रयोदश सर्गपर्यन्तम् १॥०
९७ सटीक वाल्मीकि रामायण
बालकाण्डस्य चतुर्दश सर्गा-
वधि पञ्चविंशति सर्ग
पर्यन्तम् १॥०
९८ मदनपाल निघण्टु वैद्यक १
९९ संस्कृतविद्यामञ्जरीप्रथमभागः —
१००संस्कृतविद्यामञ्जरी
द्वितीय भाग ।०

१०१ साहित्यदर्पण २॥०
१०२श्रीहर्षचरित बाणभट्टकृत ५
१०३ अमर कोष ॥०
१०४ वेदान्तसूत्र शङ्कराचार्य्य कृत
शारीरकभाष्य तथा गोविन्दानन्द
कृतटीका सहित १०
१०५ वेदान्त परिभाषा १
१०६ वेदान्तसार सटीक १
१०७ सटीक निदान ४
१०८ कामन्दकी नीतिसार १
१०९ मल्लिकामारुत प्रकरण २
११० अत्रि, विष्णु हारीत,
याज्ञवल्क्य उशना अङ्गिरा यम
आपस्तम्ब, संवर्त्त कात्यायन बृहस्प-
ति पराशर व्यास शंख लिखित,
दक्ष गौतम शातातप वशिष्ठ प्रणीत
संहिता (धर्मशास्त्र) १५
१ मत्स्यपुराण ६
११ चरकसंहिता (वैद्यक)
सम्पूर्ण ६
११३ रसेन्द्रचिन्तामणि (वैद्यक) ४
११४ भगवद्गीता शाङ्करभाष्य
तथा आनन्दगिरि कृत टीका
सहित ५
११५ भावकुतूहल (ज्योतिष) ।०

कलिकाता संस्कृत विद्यामन्दिरे—बि, ए, उपाधिधारिणः
श्रीजीवानन्दविद्यासागर-भट्टाचार्य्यस्य
सकाशात् लभ्यानि ।

CPSIA information can be obtained at www.ICGtesting.com
Printed in the USA
BVOW05*0444140814

362622BV00004B/116/P

9 781166 495350